新时期城市管理执法人员培训教材

广告招牌
融入城市之美

城市户外广告及招牌设施的规划设计与设置管理

全国市长研修学院
（住房和城乡建设部干部学院）

组织编写

中国城市出版社

图书在版编目（CIP）数据

广告招牌融入城市之美：城市户外广告及招牌设施的规划设计与设置管理／全国市长研修学院（住房和城乡建设部干部学院）组织编写. —北京：中国城市出版社，2020.10

新时期城市管理执法人员培训教材

ISBN 978-7-5074-3298-5

Ⅰ.①广… Ⅱ.①全… Ⅲ.①广告－招牌－城市管理－中国－教材 Ⅳ.①F299.21②F713.82

中国版本图书馆CIP数据核字（2020）第163941号

本书是全国市长研修学院（住房和城乡建设部干部学院）组织编写的《新时期城市管理执法人员培训教材》的分册，主要包含三部分内容：户外广告和户外招牌概述、广告招牌设置管理的八大原则、户外广告和户外招牌代表城市案例。各章节采用理论和案例相结合编写模式，并配有大量具有代表性的国内外户外广告、招牌的设计及应用案例彩图，便于读者更好地学习及阅读全书内容。另外书中配有数个户外广告和招牌设计的展示视频及各地关于户外广告设置及管理的政策法规类文件，读者可以扫码免费获取。本书可供城市管理工作人员及相关专业院校师生使用。

责任编辑：李　慧

责任校对：芦欣甜

新时期城市管理执法人员培训教材

广告招牌融入城市之美

城市户外广告及招牌设施的规划设计与设置管理

全国市长研修学院（住房和城乡建设部干部学院）组织编写

＊

中国城市出版社出版、发行（北京海淀三里河路9号）

各地新华书店、建筑书店经销

北京锋尚制版有限公司制版

北京富诚彩色印刷有限公司印刷

＊

开本：787毫米×1092毫米　1/16　印张：9　字数：130千字

2021年3月第一版　2021年3月第一次印刷

定价：82.00元

ISBN 978 – 7 – 5074 – 3298 – 5

（904285）

广告招牌与城市景观

城市视觉秩序中的广告招牌

"城市视觉秩序"是城市内在运营系统与文化特质的外化体现，是通过对城市视觉符号、建筑、景观、广告招牌、交通秩序、国民公共行为等各个元素的统筹和总体把控，表现为城市视觉形态的有序性。随着我国经济的高速发展与城市化进程的不断加快，户外媒介、城市建筑、环境景观、城市家具等城市元素快速发展，在提升城市商业文化与活力的同时，也使城市出现了一些"城市综合性视觉紊乱""城市视觉失控"的现象。有景无观、有建筑无城市、有媒介无品质，成为中国大部分城市的通病，是城市管理者面临的一项亟待研究和解决的综合性跨学科课题。

广告招牌的社会责任

很多城市将"城市视觉之乱"的原罪归结为广告招牌，从而进行运动式地整治拆除，粗暴且统一。然而运动之后，缺乏生机的户外广告与过度统一单调的店面招牌，使城市的个性活力、景观特征及文化品位大打折扣，被民众所诟病。治乱只是手段，而构建活化的、生动的、具有地域特色的城市景观和视觉体验才是城市规划与管理的核心目的。

城市的商业氛围营造需要广告招牌，城市的文化与公共宣传也需要广告招牌，对待其的态度应由简单粗暴回归客观理性。广告招牌，其显著的空间位置、广泛的街区覆盖、强烈的视觉张力等属性决定了它对城市视觉景观的影响至关重要。化视觉污染为景观亮点、化单调呆板为丰富多样，充分展示一个城市的品位、品质与个性，为城市居民以及来访者带来美好感受，这是户外广告和招牌设施等城市景观要素所要担当的社会责任与公共价值。

营造有序、丰富、多样的广告招牌

　　城市是文化的容器，在有序的前提下，百家争鸣、百花齐放才是最佳的状态。如何兼顾功能属性与视觉审美，使紊乱的城市回归秩序、使平庸的景观多元丰富，将考验着规划设计者的水准与城市管理者的智慧。

　　城市广告招牌的科学规划与管理，是城市精细化管理的重要抓手，也是城市视觉秩序重构与城市形象塑造的重要途径。这本书参考了城市规划设计、城市景观规划等的基本原则和方法，结合传播学与认知学等研究成果，从城市视觉秩序以及城市生活空间的角度，明确了广告招牌在城市中的存在价值与定位，并结合数十座城市的规划管理案例，归纳了"系统性、前瞻性、文化性、整体性、多元性、地标性、融入性、长效性"八项基本原则，对广告招牌的规划者与管理者提出了建设性地索引，可供各城市及区域根据自身发展定位和空间特征比照参考、灵活借鉴。

　　相信，在科学的规划设计与管理引导下的广告招牌，将展现有序、丰富、多样的魅力，积极参与到城市新视觉秩序的整体构建活动中，在承担信息传播与品牌识别的功能基础上，也为塑造富有个性的城市景观贡献它的力量。

清华大学美术学院　常聘教授、博士生导师

广告美学观

　　我国广告招牌的历史可追溯到北宋——"济南刘家功夫针铺"雕版是迄今发现最早的中国商号仿单，既起到细针的包装纸功能，又是商号、商标图案、传播语、经营理念集于一身的仿单广告。这种广告形式至今还有其环保的社会创新意义，包装与广告合二为一，一物多用的传播意义也显示出生活美好的初心。在张择端《清明上河图》中出现了许多广告形式，有幌子、招牌等，说明"广而告之"的方式在中国历史上非常普遍，广告与城市、乡村环境融合在一起，成为业态繁荣的视觉标识。

　　从城市美学的角度来看，各类广告不再只是一味地争抢显要位置，而是转向借助城市环境公共载体，使之成为城市景观的组成部分。广告不仅肩负商业传播的价值，还承担着社会创新的责任，而这本身正是城市设计中广告规划的模式创新。

　　广告规划旨在为城市思考，为生活服务，为消费者着想。广告美学即是以生活美学为根本价值取向，同时主动引入新科技的创新能力。如在城市公共空间中的广告载体与城市家具结合，为智能接入设备及传感设施预设空间，注入智慧版块，形成模块化的组合方式，并兼具可回收、易维护、可循环利用、材料易降解的生态要求。可以说，城市广告载体也是环境媒体形式，是一个美学城市、艺术城市、设计城市的共同载体。从人与物、人与环境、人与人的关系维度，来规划和创新当代广告的模式，是广告人的社会责任和公共价值。

以广告美学来提升生活方式与品质，带给消费者积极的生活快乐和生存精神，是当代社会的需要。随着信息时代发展，自媒体、内容付费以及新式广告逐渐成为一种营销趋势。互联网广告或将成为行业的主流，随之催生出新型消费观，其实质就是文化消费、美学消费、设计消费。而广告正是促进新型消费观形成和普及的重要途径。那么如何通过广告，让好的文化、好的设计成为好的生活，是值得当代广告人深入思考的。

美学是教育，美学是文化，美学更是生活。我们处在不同的生活场景中，虽然判断美的标准有所不同，但凡朝向美好生活方向而创意的广告，都可以算作我们所强调的广告美学观。因此，广告规划的当代性和价值观体现在是否能够影响当代的生活方式，提升当代的生活美学。任何好的广告，都是为了把企业、商品和服务的品牌之美、创新之美、生活之美激发出来、调动出来，让更多人透过广告感受到这种美好。

北京国际设计周组委会办公室副主任、策划总监

前言 /

　　户外广告和户外招牌既是城市形象的有机组成部分，也是城市发展质量和生活品质的重要表现形式。2015年12月，中央城市工作会议指出要统筹城市规划、建设、管理三大环节，提高城市工作的系统性；2017年3月，住房和城乡建设部印发《关于加强生态修复城市修补工作的指导意见》（建规〔2017〕59号），安排部署在全国开展生态修复、城市修补工作，将广告招牌的整治提升作为城市修补工作的重要抓手之一；2019年6月，住房和城乡建设部发布通知，决定在深圳、长春、武汉、成都、厦门、青岛、无锡、株洲、如皋9个城市开展规范城市户外广告设施管理试点工作，以坚持规划引领、完善政策措施、开展整治提升、建立长效机制为试点任务，力求探索不同级别、不同类型城市的户外广告规划、管理的方法与路径，为全国范围更为广泛地推进户外广告设施的整治提升奠定基础。住房和城乡建设部2020年12月印发《城市市容市貌干净整洁有序安全标准（试行）》，行业标准《城市户外广告设施技术标准》已修订并公开征求意见，即将出台。

　　在此背景下，全国市长研修学院（住房和城乡建设部干部学院）组织部分城市管理主管部门及规划设计行业的专家成立编写组，历时一年时间完成本书的编写。本书立足于当下国内户外广告和户外招牌规划设计与设置管理的现状，以问题为导向，从不同角度综合搜集、归纳、分析国内外代表案例，总结可取之处，探索可参照之法。书中提出了广告招牌设置管理的八大原则，试图找到一个支点，平衡城市市容市貌管理及广告行业发展的双重诉求。本书力求通过将概念、原则、案例和示范串联，探讨相对完整的广告招牌规划管理知识架构，以便于城市管理者在实际工作中使用与参照。书中汇集了国内外多座城市、数十项广告招牌规划设计与设置管理的代表案例，归纳了广告招牌的创新管理理念、专项规划设计、长效管理机制、数字化管理以及重要街区广告招牌的综合整治提升等内容。

本书主要编写人员：夏磊、王天、陈芸华、崔迪、王玺、刘彦、张思思、马春莉、黄燕昕、杨建、艾宇、郭胜杰、段斌、张建辉、张英鹤、郑士富、李玮。在本书编写过程中，清美道合规划设计院为本书提供了大量实际案例，并对其中的专业部分提出很多建设性的意见和建议；深圳市城市管理和综合执法局、宁波市综合行政执法局（城市管理局）、如皋市城市管理局等单位以及业界专家给予了大力支持和热心帮助，在此一并表示衷心感谢。由于编者水平有限，难免存在一些疏漏和不足之处，敬请广大读者提出宝贵意见。

目 录

1

2 [第二部分]
广告招牌设置管理的八大原则

3

[第三部分]

户外广告和户外招牌代表城市案例

第一部分

户外广告和户外招牌概述

定义与内涵/

[第一节]

户外广告定义/

　　户外广告是指利用户外场地、空间和建（构）筑物、市政公共设施、交通工具等户外设施，以展示牌、灯箱、霓虹灯、发光字体、电子显示屏、电子翻板、招贴栏、布幅、气球、实物造型等形式发布的公益性或者商业性广告。

　　户外广告按照从属的空间类型主要可划分为三大类（表1-1）：附属式户外广告设施（图1-1）、独立式户外广告设施（图1-2）和

户外广告设施分类 　　　　　　　　　　　　　表1-1

设施类别		内容与范围
附属式	建（构）筑物上的	设置在建（构）筑物外墙面、顶部的各类户外广告设施，包括屋顶户外广告设施、平行于墙面设置的户外广告设施、垂直于墙面设置的户外广告设施及围墙上设置的户外广告设施
	公共设施上的	设置在道路两侧和公共场所的灯杆、电杆、公交车站牌、候车亭、报刊亭、电话亭、信息栏、自动售货机、自行车棚等公共设施上的各类户外广告设施
独立式		设置在地面上的各类户外广告设施，包括立杆式户外广告设施、底座式户外广告设施、大型落地户外广告设施及大型高立柱户外广告设施
移动式		设置在移动交通工具或飞艇、气球等升空器具上的户外广告设施，包括车辆广告、船舶广告及空中移动广告

图1-1　附属式户外广告设施

图1-2　独立式户外广告设施

移动式户外广告设施（图1-3）。其中附属式户外广告设施又分为建（构）筑物上的户外广告设施和公共设施上的户外广告设施。

图1-3　移动式户外广告设施

[第二节]

/户外招牌定义

户外招牌是指在办公或者经营场所的建（构）筑物及其附属设施上设置的用于表明单位名称、建筑名称、字号、商号的各类标识、匾额、标牌等构筑物，按照从属的空间类型主要可划分为两大类（表1-2）：附属式户外招牌（图1-4）和独立式户外招牌（图1-5）。

户外招牌分类　　　　　　　　　　　　　　　表1-2

设施类别	内容与范围
附属式	设置于建（构）筑物外墙面、顶部的各类户外招牌设施，包括平行于墙面设置的平行外墙式招牌设施、垂直于墙面设置的小型侧招和大型侧招（或刀匾式/竖式招牌）
独立式	设置在地面上的各类户外招牌设施，包括竖向独立式户外招牌设施和横向独立式户外招牌设施

图1-4　附属式户外招牌示意图

图1-5　独立式户外招牌示意图

第二章

广告招牌的价值/

住房和城乡建设部于2017年3月印发《关于加强生态修复城市修补工作的指导意见》（建规〔2017〕59号），安排部署在全国开展生态修复、城市修补（简称"城市双修"）工作。其中城市修补的"六大抓手"就包括城市户外广告及户外招牌的修补整治。对城市形象的全面升级而言，广告招牌将是重要的发力点与突破口。

六大抓手：城市形态、轮廓天际线；建筑色彩风貌；城市广告招牌；城市绿化景观；城市夜景亮化；拆除违规建设。

广告招牌是彰显城市美学，提升城市形象、城市文明程度、城市美誉度的有效载体，是城市景观的重要组成部分，是展示城市品牌的重要平台。广告招牌是城市重要的公共信息平台，是城市信息发布的重要载体，是推行党（政）务公开、提供公开（应急）信息服务的重要渠道。除此，它也是城市的视觉资产，是经营城市的重要内容。

[第一节]

传播城市文化价值/

文化是城市之魂，既是软实力，也是硬实力。在城市发展的过程中，不仅要传承和发扬历史文化，还要凝聚和铸造专属于这个时代的新文化。

当前，大多城市仍受制于"千城一面"的困扰，缺乏城市文化标识、民族特色和地方风情的系统营造。广告招牌是传播城市文化价值的重要载体，也是城市开展精神文明建设的有力推手。基于城市自身底蕴的历史文脉、地理风貌、产业特征，以此为核心开展的城市设计才是具备生命力的，也将是打造城市个性、打造文化价值的必由之路。

广州塔——"城市的播报员"

广州地标——广州塔，塔身上部设置有LED光栅屏，高清的视频画面可与塔身灯光形成联动，已成为公益广告与品牌宣传的重要平台。环形屏幕播放"我爱你中国""I love GZ"等文字及图案，当较大台风影响广州时，广州塔积极配合气象部门在塔身发布台风预警，这一系列彰显城市精神和人文关怀的举措，使城市拥有了温度（图2-1）。

图2-1　广州塔媒体立面广告

[第二节]

/重构城市视觉秩序

所谓"城市视觉秩序"，是指所有城市日常空间的组成部分（建筑、道路、树木、车辆、行人等）按照一定的空间排列次序、穿插布局、流动方向和色彩搭配，最终形成的一种序列化的视觉结构。一个城市的视觉秩序讲究整体性、系统性和融入性的统一，核心目的是形成独特的城市个性和气质，使自身的文化得以传承和发扬，让生活在城市里的人增添对城市的认同感，让路过的人留下明确的记忆点。因此，视觉秩序是对一个城市最直观的认知方式。

对城市中广告招牌的科学规划，是为了强化区域的属性，营造特定的商业语境和舒适的视觉秩序。它可以帮助主题建筑群强化自身属性、帮助老旧历史街区重塑街道景观、帮助凌乱公共空间重构视觉秩序。城市空间中的所有构成要素（建筑、景观、街道家具、广告招牌等）都应各司其职、各安其位，才能共同谱写出一幅造型错落有致、色调和谐舒适的城市盛景。

合肥市宿州路规划设计方案

作为合肥市最早的商业街区——庐阳区宿州路步行街有着独特的街区记忆。区域的整体建筑风格较为显著，但是单体建筑缺乏与邻近建筑的配合，整体缺乏和谐有序、层次分明的视觉秩序感。因此，这条步行街的改造计划重点是对整条街建筑立面、户外广告、底商招牌、夜景亮化等各城市空间构成要素的综合提升。最终，改造方案以保留原本建筑作为基础，融入徽派建筑语言，设计出一套独具安徽特色的视觉符号，应用贯穿于整个街区，使原有嘈杂拥挤的体验感得到了整体改善（图2-2）。

图2-2　合肥市宿州路规划设计方案

/塑造城市地标景观

城市的"地标"可以是依托于历史遗存的自然资源，也可以是在城市发展过程中新兴崛起的人文景观。城市地标的表现形式在不断延展，建筑、景观、雕塑，或者是由户外广告媒体构成的视觉界面，都可称之为城市地标。

一个伟大的城市是离不开地标景观的。对于生活在城市中的人来说，地标象征的是身份的认同感与归属感；对于访客来说，地标是了解一座城市最为直观的视觉符号，也是构建城市印象的重要依据，恰如其分的广告媒体可以帮助城市塑造地标景观。

重庆观音桥——老牌地标的崛起

这块被命名为"城市封面"的高清LED屏幕作为所在商圈的地标与名片，参照了纽约时报广场（Times Square）的超大屏设计，其独特之处在于屏体和楼体合二为一，楼有多高，屏就有多高，总建筑面积为3365平方米，屏幕高度为125米（图2-3），广告价值得到了更大程度地提升。

图2-3　重庆市江北区观音桥地标媒体

[第三章]

发展现状及主要问题/

[第一节]

发展的主要阶段/

随着中国经济的快速增长和国家"新型城镇化"战略的实施，户外广告行业蕴含着巨大的机遇与挑战。"多、大、满、杂、乱"成为常态，数量失控、点位随意、样式设计与周围景观环境缺乏关联等问题接踵而至。中国经济的高速发展，加快了城市化的进程。然而，由于理念滞后和管理水平的限制，部分广告招牌的设置水平无法与建筑及景观环境相匹配，导致广告招牌的数量与城市空间景观之间的矛盾日渐突出。

新型城镇化：以城乡统筹、城乡一体、产业互动、节约集约、生态宜居、和谐发展为基本特征的城镇化，是大中小城市、小城镇、新型农村社区协调发展、互促共进的城镇化。

梳理近二十年我国城市广告招牌规划管理的发展轨迹，可概括为四个阶段：

第一阶段：规划缺失，秩序混乱

第一阶段主要是指2000年以前的广告招牌缺乏规划和相关法规条例的约束、随意设置。甚至有的城市在一个高速入城口设置了五六十块大小不一、形式各异的单立柱广告，形成了"高立柱森林"的奇异景观。由于规划缺失、数量失控、市场挤压、成本先导、复制泛滥等种种原因，广告招牌在城市中被定义为"视觉污染源"，城市形象也因此大打折扣。

第二阶段：规划滞后，强势整顿

第二阶段可以追溯到北京奥运会及上海世界博览会等大型国际活动之前，以强势整顿为主要特征。广告行业占国内生产总值的比例极低，视觉影响力却极大。在户外广告对城市发展的诸多影响中，视觉因素远超经济因素。整治行动从一线城市、省会城市向二三线城市逐层传导，规划缺位的整治，给执法者和从业者都带来了巨大挑战。

第三阶段：规划笼统，摸索前行

主管部门逐渐认识到"运动性"整治和"一刀切"执法对行业和城市带来的负面影响，因此尝试以合理规划推动行业有序发展。与此同时，随着相关法律法规日益完善、政府管理水平和行业自律能力亦逐步提升，多方协同努力开始探索新的发展模式。

第四阶段：规划引领，科学管理

2010年之后一些起步较早的城市开始进入第四阶段。坚持规划引领、开展科学管理，广告招牌规划管理水平逐步提高，其对城市形象的视觉影响由消极逐渐变得积极。一套科学的管理模式初具雏形，即以控制性、实操性、前瞻性、创新性统筹兼顾的户外广告规划作为后续拍卖、审批、实施的指导性文件，多层次全方位地开展管理工作。

[第二节]

/存在的主要问题

结合目前国内城市的普遍现状，按照户外广告和户外招牌两大类将主要问题汇总如下（图3-1）：

图3-1 户外广告与户外招牌问题汇总

（一）布局无序

户外广告与城市功能布局及景观风貌不协调，如居住区、行政办公区等非商业街区与商业街区的设置方式几近相同，不仅破坏了宁静的街区氛围，同时造成景观同质化。

（二）品质低端

目前户外广告设施中，宝丽布、墙面喷绘、布幅、条幅等材质较为常见，画面褪色破损、结构裸露、支架生锈等现象层出不穷，不仅对城市形象的宣传产生不良影响，还对居民的安全出行埋下隐患。

（三）个性不明

户外广告设施的造型在设计创意上缺少对城市文化、街区特征、建筑风貌等元素的挖掘运用，难以和空间环境相融合，无法展现城市的活力与魅力。

（四）公益失衡

社会公益宣传的氛围不足，公益广告数量较少，设计制作水平较低，无法发挥思想文化建设工作的引领示范作用。

（五）招牌混乱

户外招牌作为商家店面宣传最为直接的方式，设置基数大、分布范围广、类型复杂、形式多样。由于缺乏统筹规划和有效管理，招牌在设置时往往仅从强化商铺识别性出发，忽视与整体环境和建筑之间的关系，从而造成混乱的视觉现象。

（六）信息冗杂

为了增强店铺的宣传效果，除店铺名称外，联系方式、经营业务、广告宣传语等商业信息也常出现在招牌上，极易造成视觉污染，严重影响街区形象和市容市貌。

（七）创意不足

户外广告形态呆板缺乏活力，底商招牌的版式、字体、图形、色彩等大同小异、千篇一律，创意的缺失使得本应成为城市风景线的广告招牌变得平庸乏味。

（八）效率不高

目前大多数城市广告招牌的基础数据采集与核算主要依靠人工采集记录，人员投入大，消耗时间长，工作效率不高。同时在审批监管方面，缺乏对于物联网、云计算、大数据等现代信息技术的应用，审批时限长，审批机制不够高效、便民。图3-2反映了户外广告与户外招牌问题现状。

图3-2　户外广告与户外招牌问题现状

第二部分

广告招牌设置管理的八大原则

广告招牌设置管理是否有法可依、有章可循、有例可援，是一座城市精细化管理的重要衡量标准。对广告招牌的设置管理应纳入城市规划的整体系统中进行统筹考虑，不仅要认识、尊重、顺应城市发展规律，契合城市发展方向，还要充分了解广告行业，准确把握行业更新趋势，将城市与媒体有机结合，才能引导户外广告行业的良性发展，构建和谐有序的城市秩序。具体设置管理原则可归结为以下八大原则。

原则一　系统性
多元性　原则五
原则二　前瞻性
地标性　原则六
原则三　文化性
广告招牌设置管理八大原则
融入性　原则七
原则四　整体性
长效性　原则八

八大原则示意图

系统性原则/

2015年12月召开的中央城市工作会议，习近平总书记指出"城市工作是一个系统工程，做好城市工作要做好一个尊重、五个统筹"。系统性的规划管理将是城市稳健发展的基石。广告招牌管理的系统性核心在于管理政策的稳定性和全面性，即通过稳定长效的管理政策完善行业规范、引导各级商户。系统性的管理体制与系统性的规划设计，二者相辅相成，共同构成广告招牌的规划管理体系。

一个尊重，五个统筹：尊重城市发展规律；统筹空间、规模、产业三大结构，提高城市工作全局性；统筹规划、建设、管理三大环节，提高城市工作的系统性；统筹改革、科技、文化三大动力，提高城市发展持续性；统筹生产、生活、生态三大布局，提高城市发展的宜居性；统筹政府、社会、市民三大主体，提高各方推动城市发展的积极性。

/系统性的管理体制

目前很多广告招牌管理工作中的问题，都是由于法规不健全、规划不到位、责权不清晰、管理欠协调、运营不完备等原因造成的。没有系统的管理体制，广告招牌的规范治理就无从谈起。完善系统的广告招牌管理体制应从立法先行、规划引领、部门联动、模式创新四个环节层层深入（图4-1）。

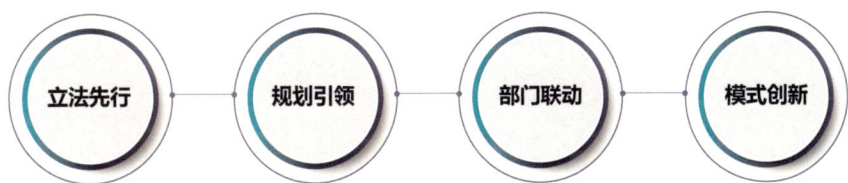

图4-1 广告招牌管理体制

一、立法先行

全面依法治国，不仅是制度文明的发展，更体现着"运用法治思维方式深化改革、推动发展、化解矛盾、维护稳定、应对风险"的治理智慧。法律是治国的重器，良法是善治的前提，广告招牌的管理亦如是。

政府对市容市貌的管治政策和推行力度至关重要，这一点日本较早地意识到并落到实处。1949年颁布的《屋外广告物法》是日本广告招牌设置、规划和管理的根本大法，其对不同特色的各区域广告招牌的尺寸、位置和色彩等各个细项都进行了详细规定。商家必须依法执行，即使全球连锁品牌也必须遵循法规适当调整设置位置和色彩。这才使得日本的街道既保持了视觉活力，又不失秩序美感。

我国中央立法层面针对户外广告的法律及法规主要有两部：一是1994年由全国人民代表大会常务委员会通过的《中华人民共和国广告法》（已于2015年进行了修订）；二是1987年国务院修订的《广告

管理条例》。除此以外，住房和城乡建设部和相关部门也颁布了系列法规和规范性文件，为规范户外广告设置，强化管理提供依据。现行的主要法规和规范如下：

（1）《城市容貌标准》GB 50449—2008；

（2）《城市户外广告设施技术规范》CJJ 149-2010；

（3）《城市户外广告设施巡检监管信息系统》CJ/T 532—2018；

（4）《户外广告登记管理规定》（国家工商行政管理总局令第25号）；

（5）《城市市容市貌干净整洁有序安全标准（试行）》（建督〔2020〕104号）。

近年来，越来越多的省、市、自治区通过结合本地区发展实际制定了各类地方性法律法规及技术标准，以对广告招牌的设置管理进行规范，如上海市先后编制了《上海市市容环境卫生管理条例》等文件作为管理的依据（表4-1）：

地方性法律法规及技术标准　　　　表4-1

法律	《上海市市容环境卫生管理条例》（2009年）
政府规章	《上海市户外广告设施管理办法》（2017）（上海市人民政府令第53号）
	《上海市流动户外广告设施管理办法》（2017）（上海市人民政府令第53号）
规范文件	《上海市临时性广告设置管理办法》（沪绿容〔2013〕202号）
	《上海市户外招牌设置管理办法》（〔2013〕201号）
技术规范	上海市《户外广告设施设置技术规范》DB 31/283—2015
	《上海市流动户外广告设置技术规范》（2012年）
	上海市《户外招牌设置技术规范》DB 31/T977—2016

依托国家法律法规及行业标准，制定符合地方特色的法律法规，不仅仅是为管理工作提供法制保障，同时也是为广告招牌设置者、经营者提供基本遵循和宏观约束，可为广告招牌的长效管理和健康发展奠定坚实基础。

二、规划引领

城市规划是一定时期内城市发展的蓝图，是城市建设和管理的前提和基础。要建设好城市，必须有一个统一的、科学的城市规划，并严格按照规划来进行。广告招牌规划是从全局的角度，围绕核心理念和城市发展目标，全面地统筹把控，是从高处着眼自上而下的层层设计。其具体作用更多体现在对广告招牌的设置空间、设置类型、设置方式等方面的引导，使之与城市的功能定位、历史文化、自然环境、经济发展水平等相匹配，和谐地融入城市公共空间。在广告招牌的管理工作中，规划是重要的抓手，也是管理工作的发力点。

（一）先规划、后治理

科学合理的广告招牌规划是后续各项工作深入开展的基础与核心。有的城市对广告招牌的管治手段以"一刀切"的拆除手段为主，忽略了其背后的社会价值与经济价值，导致行业发展滞后于城市发展，广告设施品质与城市形象发展不匹配。与此同时，也不乏有的城市严格遵循科学发展的原则稳步发展。

济南市坚持"先规划、后治理"的原则，于2016年启动编制《济南市户外广告和牌匾标识专项规划》（以下简称《规划》）。《规划》针对济南市户外广告数量多、分布广、设置乱、品质低等突出问题，对济南城区的功能结构、空间环境、城市建设发展进程进行了深入解读与分析，提出以"严"为纲，精准设"限"的规划指导思想，从多方面着手提升广告招牌的整体品质，对济南户外广告的未来发展做出了方向性的引导。

首先，《规划》将城市空间划分为限设区和禁设区两大分区，从空间上对与区域环境不符的户外广告进行限制。同时，针对屋顶广告、窗户广告、桥体广告、城市家具附着式广告等不符合城市定位和市容建设要求的广告类型，明确禁止设置。对于墙面广告、公交候车亭广告等户外广告展示的主体类型，则细化指标要求，通过有效控制，提升品质、烘托商业氛围。而对于橱窗广告及新技术、新媒体等有利于进行艺术化表现，提升城市活力的设施类型，则在保证安全的基础上鼓励进行设置。

依据《规划》，济南市于2017年开展了违法违规户外广告整治行动，全市共拆除违法违规户外广告1.7万余块，有效地提升了城市形象，为实现"塑造济南新气质，建设繁华时尚、人文荟萃、宜居宜业、幸福和谐的现代泉城"的城市目标奠定了良好的基础。

（二）逐层深入、渐成体系

系统的规划设计是解决不同层级问题的关键，国内越来越多的城市正逐步完善广告招牌的规划体系。以杭州为例，2008年，杭州市委、市政府印发了《关于构建杭州户外广告新型运行体系的若干意见》（市委办〔2018〕18号），提出了"统一规划、统一建设、统一经营、统一管理，推进广告从无序设置向统一规划，多头管理向统一管理，分散建设向统一建设，单一广告美学向街面整体美化、亮化、序化，单纯产品宣传向企（行）业、城市品牌传播的转变，不断提升户外广告品味"的总体思路。

在此基础上结合城市定位和城市品牌，按照与城市规划相衔接、与区域功能相适应、与人文特色相结合、与周边环境相协调、与景观亮灯相配套的要求，通过社会公示、专家论证、部门联审等环节予以审定实施，形成了"总规、详规、一场一方案"三级规划体系。

2010年，杭州市编制了《杭州市区户外广告设置总体规划》，并以此为指导对主城区内的主次道路编制了户外广告设置详细规划。同时，针对大型市场、商场、商业综合体等广告需求量较大且极易设置杂乱的建筑，也编制了单体设置的详细规划。通过三级规划体系，有效解决了户外广告设置中存在的问题与难点，提升了户外广告设置的整体水平，为户外广告的设置、审批和监管提供了重要依据。

三、部门联动

目前我国大多数城市的广告招牌管理工作是由城市管理部门牵头，市政、规划、市容、工商、交通、环境、宣传等多部门协调配合。理顺管理体系，明确各部门之间的管理职责，是管理工作重要的组织保障，可有效解决多头管理、管理脱节、标准各异等问题。

（一）理顺管理体系

2007年以来，杭州市为了强化管理，成立了由市领导担任正副组长、市有关部门和各区负责人为成员的户外广告管理工作领导小组，办公室设在杭州市城市管理委员会，并建立了由城市管理委员会牵头，工商管理部门、城市规划部门、交警局及文明办参与的"一委一办三局"联席会议制度，主要负责规划评审、行政许可及主要事项研究等。

按照"一门受理，分工负责"的方式，建立了"一委一办三局"户外广告联合审批制度，即由市城市管理委员会"窗口"一门受理，通过网络流转，各有关部门依据职责进行联合审核、审批，实行一票否决制。大型户外广告由市级部门联合审批，其他户外广告及招牌等由属地各区审批或备案。杭州市充分利用各职能部门的行业优势，形成管理合力，有效地提高了工作效率和质量。

（二）明确管理职责

近年来郑州市持续提升城市精细化管理服务水平，在广告招牌管理工作上实行市、区、街道办事处三级联动，条块融合的模式。按照程序依法下放行政执法职能，强化属地管理，着力解决各部门之间、各部门与基层之间管理职能不清、责任主体不明的问题。

市级城市管理行政主管部门负责户外广告招牌设置的监督管理工作，编制户外广告设置中长期发展规划和年度计划，制定户外广告、霓虹灯设施、招牌设置的质量标准和技术规范，做好户外广告及跨区域临时性户外广告的设置审批工作；辖区城市管理行政主管部门依照职权划分，按照属地管理的原则，负责本辖区内户外广告和招牌设置的监督管理工作，以及临时性户外广告的设置审批工作；街道办事处在城市管理等部门指导下，对本辖区的户外广告和招牌设置活动进行日常监督管理。

四、模式创新

选择与城市发展实际相适宜的运营机制，是保证广告招牌管理实现可持续发展的基石。目前国内较为常见的运营管理模式包括以下五种：

（一）私人享有收益的审批许可模式

该模式是由户外广告主管部门负责审查户外广告设施是否符合规划及相关技术标准（包括位置、面积、材质等）。只要符合上述条件，户外广告设置申请人就可获得主管部门颁发的设置许可。户外广告设施的载体使用权交由广告经营者与私人载体所有者自行协商取得，私人载体使用权的利益分配由双方协商确定，政府不参与私人载体使用权的利益分配。

（二）行政事业性收费模式

主管部门对符合规定的户外广告设施经过审批予以许可，同时以行政事业性收费的方式收取费用。这种模式的主要特点在于取得户外广告设置许可的情况下还应根据核定物价标准缴纳户外广告设置费用。

（三）公、私区别对待模式

该模式将私人空间资源与公共空间资源区别对待。对于利用单位或个人自有场地、建（构）筑物、设施等设置的户外广告设施，主管部门只负责审查是否符合规定及颁发设置许可，不参与利益分配。但利用公共场地、建（构）筑物、设施等设置户外广告设施的，政府对公共空间资源使用权实行统一招标、拍卖，其收益归政府所有。

（四）公、私一体拍卖模式

该模式将利用公共场地、建（构）筑物、设施及非公共场地、建（构）筑物、设施设置户外广告设施的，都一并纳入招标拍卖计划进行统一拍卖。对拍卖非公共场地上设置户外广告设施所获取的收益，政府按一定比例与业主进行分成。

（五）公共空间资源拍卖模式

该模式将户外广告设施作为城市公共空间资源，公共空间资源属于政府所有。在征得私有产权人同意并与之签订协议后，政府将户外广告设置使用权统一进行招标、拍卖，拍卖所得收益全部上缴政府财政。

[第二节]

/系统性的规划设计

广告招牌是城市景观的重要组成部分，其设置规范、美观与否直接决定着城市的形象和品质。影响广告招牌设置的因素是多方面的。从宏观层面来看，广告招牌需要与城市的功能定位相匹配，服务于社会的发展。同时，也要在空间分布上与城市中不同功能区的属性相契合；从中观层面来看，广告招牌的设置需要考虑街区环境的复杂程度、建筑立面的风貌特征，广告招牌的设置位置、设置数量，甚至设施尺寸都需要统筹考虑；从微观层面来看，广告招牌设施自身的造型设计（色彩、材质、形态、装饰纹样等）也直观地体现着设施品质的高低。

因此，广告招牌需要系统性的规划设计进行控制引导，自上而下地解决其与城市空间存在的矛盾。在这之中，系统性的规划设计需要在管理政策上一以贯之，通过稳定、长效的管理政策引导业主和行业规范、合理设置广告招牌，并不断提升其品质。

广告招牌的规划设计按照规划层级分为户外广告设施的总体规划、控制性详细规划和修建性详细规划及户外招牌设施的设置导则、设计方案五个部分。下面分别从户外广告的规划设计和户外招牌的规划设计两个方面来具体阐释（图4-2）。

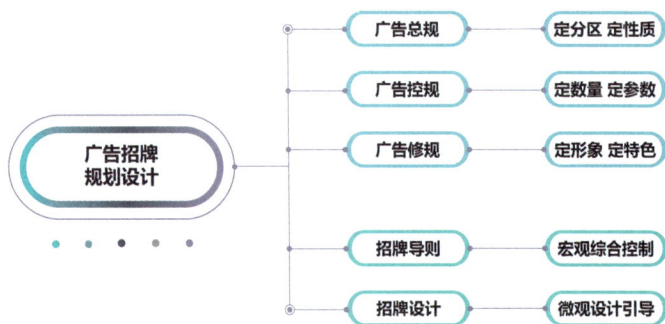

图4-2　广告招牌规划设计

一、户外广告规划设计

总体规划、控制性详细规划、修建性详细规划三个层级构成的长效管理机制，主要目标是全方位地把控户外广告的空间布局、指标参数及形象特色，分类别、有针对性地去改善现状，在样式和功能上根据建筑及街区风貌特征个性化设计，保证识别性、美观性和品质感。这套"三步走"的系统性规划可简单概括为"总控修体系"。三个板块相辅相成，三个层级自上而下，实现了从政策到形式的全方位指导，从宏观到微观地解决广告设置环节中的诸多问题（图4-3）。

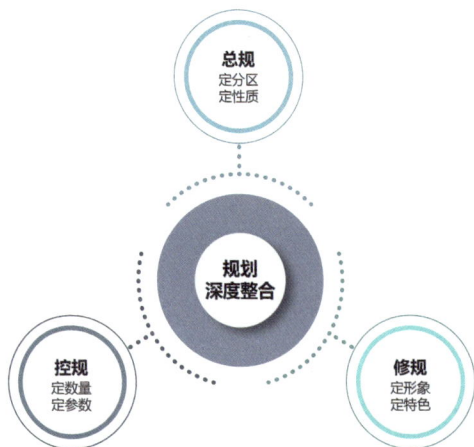

图4-3　户外广告设施系统化逻辑图

（一）宏观层面：总体规划

户外广告的总体规划是指从宏观层面制定户外广告的发展策略和空间布局。基于城市功能定位、空间结构体系、重要商圈规划等综合分析，制定户外广告未来的发展方向并划定控制分区，对每类分区提出控制引导要求。

福田区户外广告设置总体规划

福田区是深圳市的中心城区、中心商务区和行政文化中心，是深圳作为国际大都市形象的集中展示区。但现状中核心区域和外围组团的广告密度与设置形式存在较大的视觉差距，户外广告资源分布与公共城市空间环境不匹配。

为了全面提升整个区的视觉品质，营造多元活力的街区氛围，福田区组织编制了户外广告设置总体规划（以下简称"规划"）。"规划"主张以"科学管理、整合资源、规范设置、提升品质"为原则全方位优化全区的视觉品牌形象。并依据《深圳市城市总体规划（2010—2020）》《福田区分区规划》等上位规划、结合福田区的地域文化和空间特征将其划分为户外广告的适设区、可设区和禁设区，并针对各分区提出不同的控制管理要求（图4-4）。

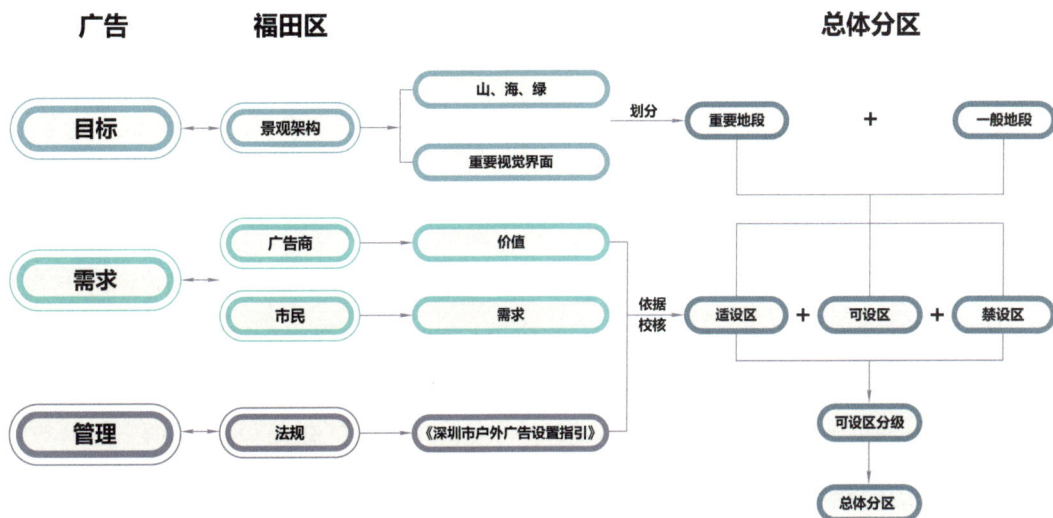

图4-4 深圳市福田区户外广告分区方法

适设区：为服务商业经济发展可以设置多样化的户外广告设施的区域，主要是指城市总体规划中确定的各级商业中心、商务中心以及商业街区。

可设区：为了优化城市视觉秩序，保证城市品质，严格限制户外广告设置的区域，主要包括会展中心、文化中心、体育中心、交通枢纽场站区域、文化创意类园区、居住区、商务办公集中区域以及社区商业集中的区域等。

禁设区：为保护自然生态景观环境禁止设置户外广告设施的区域，主要包括河流水系、生态公园等区域（图4-5）。

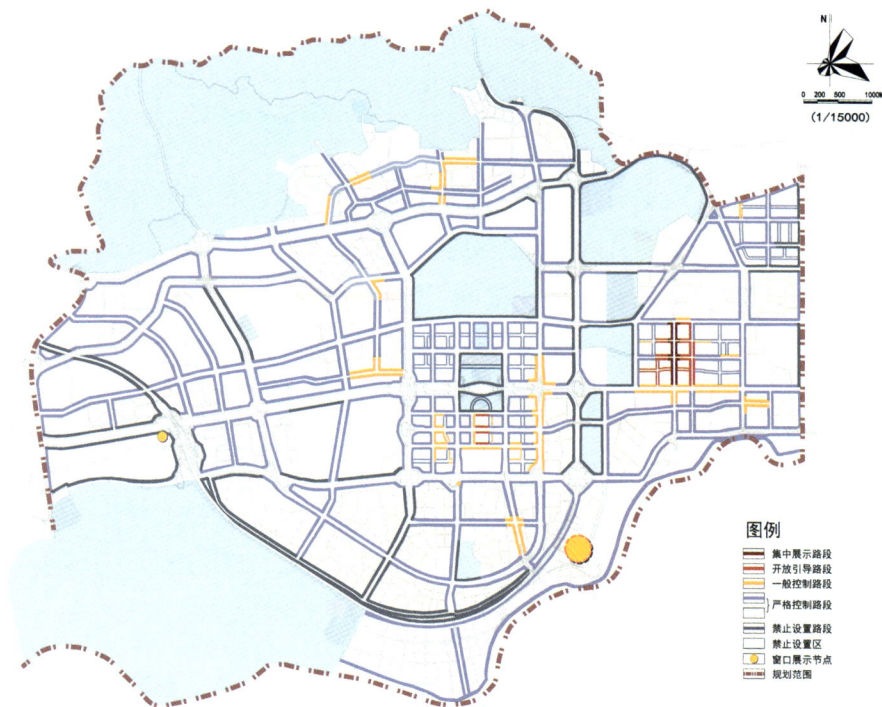

图4-5 深圳市福田区户外广告规划分区图

（二）中观层面：控制性详细规划

控制性详细规划是依据总体规划的分区和要求，控制户外广告设施设置空间、数量和指标参数的规划。以总规中划定的控制分区为基础，分区域制定规划策略。位于禁设区的户外广告，进行整治拆除；位于可设区的户外广告则通过现状空间分析、道路交通分析、建筑层高分析等调研数据进行协调考量，借助拆除、保留、提升、新增等方式重新梳理点位及数量，并对每一个点位的设置参数以规范图表的形式进行建议性控制（图4-6）。

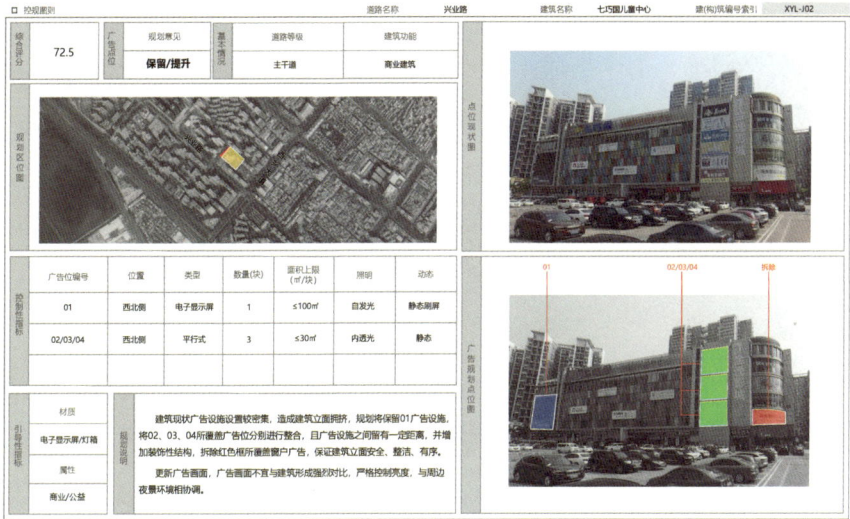

图4-6　福田区控制性详细规划图则

（三）微观层面：修建性详细规划

修建性详细规划即针对控制性详细规划中确定的需要提升和新增的建筑附着式广告、落地式广告的详细方案设计。通过挖掘城市个性、区域文脉、节点特征，将户外广告进行景观化、艺术化设计，使其以公共艺术的形式融入城市空间，彰显街区的个性价值与精神风貌（图4-7）。

图4-7　福田区修建性详细规划设计方案

二、户外招牌规划设计

1. 户外招牌的特征

哪里存在商铺，哪里就会有户外招牌。户外招牌是大众民生的"温度计"，是每一个商家进行商业宣传最有效、最直接的载体形式，具有普遍性和必需性。户外招牌在设置空间上不同于户外广告，市场、区域价值等因素对其影响甚小，商家自身的审美、投资估算以及建筑风貌等才是主要影响因素。正因如此，其品质很难形成统一标准。

2. 规划设计的引导方向

每个城市、每个街道，甚至每个建筑都有其独特的风貌特征，因而规划设计时不能以统一标准进行要求，要根据城市发展实际进行引导。同时要给予商家充分的自主选择权，在彰显商家个性与城市共性之间找到平衡点。户外招牌的规划设计主要依靠设置导则和详细设计，通过设置划定红线和方案引导保证户外招牌的整体品质。

首先，要从设置层面进行规范管治，根据街区环境、建筑立面特征、招牌设置位置对其规格尺寸、设置形式、设施数量等具体参数明确要求，框定设置红线，以此作为基本遵循，保证其不会破坏原有街区的建筑风貌。

其次，要从设计层面着手，在设置导则中给出具体设计引导（例如形态、内容、版式、材质、文化符号、发光方式等），商家可在保留个性的同时酌情参考，塑造更多的可能性。

石家庄——量身定制的导则

石家庄市作为河北省的省会，为了提升市容环境质量和管理水平，多次开展户外招牌的整治提升行动。2019年修编了《石家庄市户外招牌设置导则》（以下简称《导则》），旨在通过上层设计把控户外招牌的整体品质。

首先，《导则》明确了通用性规定。针对不同类型的现状问题提出相应的引导要求。例如，落地式户外招牌存量多、设置乱、侵占了大量步行空间。因此，做出限制——商业面积不足五千平方米的建筑不得设置落地式户外招牌，同时要求可设落地式户外招牌的建筑仅允许设置一块。这项条例既满足了宣传需求，又保障了公共空间的舒适度。

其次，《导则》还提供负面清单作为底线管治的依据。对于影响城市景观环境和运行安全的情形以图片形式进行标示，明确禁止，便于执法者以此作为监管参照。同时给商家一个清晰的界线，明确了安全要求第一、美观要求其次的原则（图4-8）。

图4-8　石家庄户外招牌设置导则负面清单

《导则》中也涉及了许多设计层面的实用性建议。例如由于建筑立面的材质、色彩、照明方式等外部特征不同，不同风格的户外招牌与其相匹配会产生多种视觉效果，规划师根据对比研究给出相对适宜的搭配方式，商家可作参照。同时还针对各区的典型建筑、典型问题以详细设计方案进行引导，并给出优化提升建议，未来新增的户外招牌遇到类似问题可作借鉴（图4-9）。

图4-9　石家庄户外招牌设置导则详细设计方案

第五章

前瞻性原则/

2019年，随着黄河流域生态保护和高质量发展上升为国家战略，我国在区域发展上形成了以京津冀协同发展、长江经济带发展、粤港澳大湾区建设、长三角一体化发展、黄河流域生态保护和高质量发展五个重大国家战略为引领的区域协同发展新格局。

落实国家战略部署，有效提升城市综合竞争力已然成为各城市发展的新课题。区域发展协同性的不断增强，资源配置效率的不断提高，也为经济高质量发展注入了澎湃动力。

广告招牌是服务于社会经济的产物，同时也是塑造城市形象、提升城市竞争力的重要推手。经济的快速发展势必会催生出更多的宣传需求，城市形象也会因此而发生变化。这就要求我们在新的时代背景下做好预判，制定前瞻性的策略以拥抱新机遇，应对新挑战。

[第一节]

顺应城市发展趋势/

一、广告招牌规划融入"大蓝图"

2014年，国家发展和改革委员会、国土资源部、环境保护部和住房和城乡建设部四部委联合下发《关于开展市县"多规合一"试点工作的通知》，提出在全国28个市县开展"多规合一"试点。"多规合一"是指将国民经济和社会发展规划、城乡规划、土地利用规划、生态环境保护规划等多个规划融合到一个区域上，实现一个市县一本规划、一张蓝图，解决现有各类规划自成体系、内容冲突、缺乏衔接等问题。

广告招牌规划是总体规划针对广告招牌领域的细化，也是政府指导行业发展，审批、管治的重要依据，必须与城市的总体规划相衔接，在管理政策的制定和空间发展方向上保持一致性。

具体来讲可分为三个层面。首先，广告招牌规划的目标制定要以实现城市总体发展目标为前提，在社会、经济、空间风貌等方面助力总体目标的实现；其次，广告招牌的规划要和城市总体规划的空间结构相匹配。城市空间是由住宅区、工业区、商业区等不同功能区组合而成的，广告招牌的管治要因地制宜，发挥其在城市空间中的最大效益；最后，广告招牌规划要保持前瞻性，对城市尚未建成的区域提前制定管治策略，为城市未来建设提供方向引导（图5-1）。

图5-1 南京市新街口商圈的户外广告

二、找准规划发力点

1. 国内案例

2010年，山西省获批国家资源型经济综合配套改革试验区，标志着煤炭资源型城市的大同面临转型的机遇与挑战。2014年修订的《大同市城市总体规划（2006—2020年）》强调"把文化旅游产业打造成继煤炭产业之后的第二大支柱产业"，并提出建设"国家级历史文化名城和具有国际知名度的文化旅游城市"的旅游发展目标。

近年来随着大规模集中的城市环境建设，大同的城市面貌发生了极大变化，但户外广告的整体发展仍相对滞后，出现了破坏传统风貌、设置杂乱、设施品质较低等诸多问题。

随后，2015年12月大同市政府编制了《大同市户外广告专项规划设计》（以下简称《规划》），围绕大同转型升级的迫切需求及城市发展总体目标，在对现状深入剖析的基础上，全方位完善了户外广告的设置规范，使其与历史文化名城的城市容貌、文化氛围、经济发展相契合，为大同市的转型升级奠定了坚实的基础。

大同市户外广告专项规划

作为国家历史文化名城，大同具有丰富的历史遗存：有以传统风貌为主的古城、有以自然生态为主的环文瀛湖、御河景观带、也有体现大同现代城市活力的商业街区。《规划》根据不同的景观结构，分类制定了多重策略。在体现"山水都城"的景观视廊内，严格限制户外广告设置。古城则根据现状采取分阶段治理——在建设过渡期，适度烘托商业氛围。远期逐步禁止商业广告，以传统的招牌招幌为主。现代风貌为主的商业街区，则鼓励通过造型丰富、展示方式多元的户外广告营造商业氛围（图5-2）。

图5-2 大同城市风貌

2. 国外案例

第二次世界大战后，纽约市政府为了改善经济环境，针对时报广场和42条街开展了一场"清洁运动"：把原有街道上吸引人的广告元素全部清除。希望通过包装塑造出一个崭新的高品质办公街区吸引大公司的入驻。然而这一方案忽略了时报广场作为娱乐中心的历史属性，使其失去了原有的热闹和喧嚣，结果鲜有公司入住，萧条接踵而至，时报广场甚至变成了一个近乎封锁的空城。

20世纪90年代初期，纽约政府试图重新振兴时报广场，采纳了迪斯尼提出的一个名为"反规划"的规划，即规定户外广告的画面和尺寸下限，通过重拾大量户外广告，找回了热闹和喧嚣，纽约时报广场又重新焕发了活力，成为最著名的城市景观之一。这个策略看似放任自流，但其指向性非常明确——充分发挥市场的自主选择权，以互相竞争的户外广告群像打造独特的城市格局（图5-3）。

图5-3　美国纽约时报广场媒体立面

纽约时报广场的复兴是基于特定的历史文化背景，其模式不可复制。但通过纽约市政府的两次决策可以看出，政策的制定要充分尊重时代背景和场域特征，对实施效果要有前瞻性的预判，才能避免对社会和经济发展造成负面影响。

[第二节]

吸收行业迭代成果/

户外广告源于商业活动的传播需求，也因商业传播需求的变化而变化。从公元前6世纪罗马奴隶制共和国时期用墙壁作为宣传载体，展示失物启事、竞技场表演预告等信息。到现如今多元化、智能化的广告设施不断改变和影响着人们的生活方式，两千多年的时间里，户外广告的传播形式和环境都发生了巨大的改变，户外广告已经不再局限于"广而告之"的功能，逐渐成为城市视觉形象的重要部分和经济文化发展的显著标志。

作为市场经济的产物，户外广告具有促进经济发展的作用，一方面通过信息的传播促进了经济的流通，另一方面也提供了更多的就业机会。但同时由于其需要依托城市公共空间载体进行信息传播，也受到城市空间发展的制约。基于户外广告的公共要素和市场要素的双重属性，政府在管理政策的制定上既要保护城市视觉品质，也要兼顾行业发展的需求，了解整个行业的特征和发展趋势。这样才能在管理工作中做出更加合理的判断，使户外广告资源得以有效配置，使之与社会、经济以及环境协调发展。

一、市场的选择

社会经济的进步使得媒体形式越来越多元化。从传统的大众媒体（报纸、杂志等）到新型媒体（广播、电视、互联网、手机等），广告发布者有了更广泛的选择区间（图5-4）。

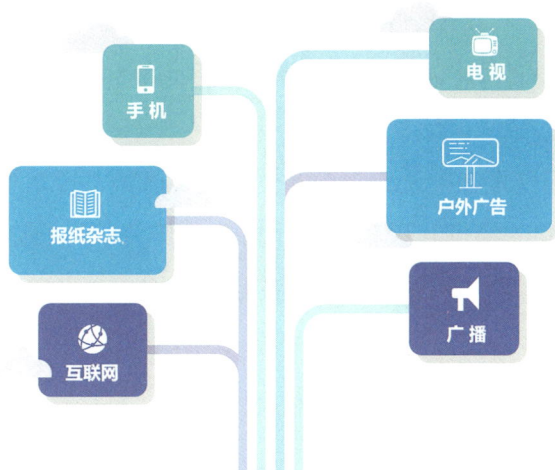

图5-4 多元的广告载体

改革开放初期，我国经济趋于稳步发展，电视广告随着电视的普及得到快速传播，户外广告初露头角。直至2000年左右，随着传统媒介被充分开发以及国家监管力度的加强，市场环境逐渐规范且稳定，户外广告行业进入一个稳定发展期，发布形式和数量也得到了迅猛增长。

互联网高速发展的今天，传统媒体的收益逐年递减，广告的投放逐渐向新媒体倾斜，户外广告却依然保持着高速增长的态势。从市场的角度来看，其具有一些核心的优势是其他媒体无法替代的。

第一，户外广告资源的不可替代性。相对于其他媒体而言，户外广告的设置空间是独特的，其他媒体形式主要存在于室内，而户外广告恰如其名地弥补了室外的广告市场空缺。

第二，户外广告具有景观价值。日本学者芦原义信在《街道的美学》中把建筑物的外观形态称之为"第一轮廓线"，而户外广告则是"第二轮廓线"。户外广告在展示城市形象，塑造城市名片上发挥着重要的作用。

第三，户外广告类型多样，可精准投放。从建筑物墙面到路边的开敞空间再到公共设施、城市家具，户外广告几乎贯穿了生活中的每个场景。类型多样性和覆盖范围广的特点，使广告投放者有了更多的选择，可根据区域和受众的不同实现精准投放。

第四，户外广告的投放成本适中。据调查，户外广告的平均千人成

本（即每一千个受众所需的媒体费）仅相当于电视、报纸等其他媒体的
1/30～1/10，巨大的成本优势使户外广告备受投放者的青睐。

　　户外广告在长期发展的过程中，受时代、政策、技术等因素的影响会呈现出不同的特征，只有深入了解户外广告的特征才能制定科学、有效的管理政策，发挥户外广告的核心优势。

二、技术的革新

　　从喷绘到三面翻、从霓虹灯到LED，每一次技术的更新成果都被快速地应用到户外招牌的设置中。合理地运用科技手段可以提升广告发布方式的趣味性和吸引力，甚至衍生出全新的广告类型。时下热门的面部识别、热感应、AR增强现实、全息投影等新技术都已实现在具体的广告营销中，不断拓宽着整个行业的发展界限。

上海外滩跨年无人机表演

　　2019年12月31日的凌晨，近两千架无人机在上海黄浦江畔排成矩阵逐渐点亮，冉冉升起，如同璀璨的星光，在天空中拼合出地球、跨年数字倒计时、奔跑的巨人和追梦的文字组合等。科技赋能、创意加持的表演，使无人机从拍摄者到被观看对象，摇身一变成为主角，展现出强大的科技美学（图5-5）。

塞尔维亚艺术馆——AR

　　西班牙塞尔维亚艺术馆在闭馆重建期间，为了让公众继续欣赏到艺术作品，把设置在道路上的户外广告通过AR技术变成博物馆的展示画框，为城市提供了一场全球最大规模的AR特展。公众只需下载博物馆的官方APP，通过手机拍摄户外广告就能看到艺术画作的AR成像及作品介绍。这次尝试不仅让公众快捷地欣赏到艺术作品，也迅速提升了博物馆的知名度（图5-6）。

图5-5　上海外滩跨年无人机表演

图5-6　AR技术演示界面

受未来持续涌现的新材料、新技术的影响，广告招牌的表现形式必将不断迭代。唯有关注运营理念的发展趋势、了解不同的材料工艺的应用可能，才能引导城市户外广告及招牌设施品质的持续升级，使广告招牌的设置水平与日新月异的城市面貌相匹配。

第六章

文化性原则/

文化作为一个国家的软实力，是国际竞争力的核心组成部分。如何提升中华文化的全球影响力和传播力，已成为目前中华民族伟大复兴、建设中国特色社会主义现代化强国的重要课题。中华民族悠久深厚的文化积淀，是增强国民文化自信和社会凝聚力的动力之源。对城市而言，文化是激发城市创造力、竞争力和凝聚力的活水源头，将文化如血液般融入城市肌理，是提升城市品位、美誉度和影响力的必由之路。

[第一节]

彰显文化自信/

文化自信，是对中国文化拥有基本的认知和认同，是对中华文化的理想、活力、价值及前景的确信。习近平总书记指出，"没有高度的文化自信，没有文化的繁荣兴盛，就没有中华民族伟大复兴。"文化自信作为一种无形的精神力量，立足中国的历史文化与现实，熔铸成社会主义核心价值观，有助于培养出精神雄健的国民，为广大人民提供自强不息、蓬勃向上的精神底气（图6-1）。

图6-1 "中国梦"

伴随着党的第十九次全国人民代表大会作出"坚定文化自信，推动社会主义文化繁荣兴盛"的重大部署，优秀文化的保护和传承应作为城市规划的出发点和立足点，打造宣传中国形象、展示中华文明、彰显文化自信的亮丽名片。户外广告积极参与着各种展示国家形象的重要时刻（奥运会、世界博览会、亚运会、金砖五国会议、一带一路峰会、上合峰会等）。以中华人民共和国成立70周年庆典为例，镶嵌在天安门广场上的两条轻盈灵动、飘逸飞舞的红飘带，象征着红色基因连接着历史、现在和未来，是红色基因传承和节日欢乐喜庆的象征，为庆典仪式营造了光彩夺目的节日气氛，充分展示了中华民族的文化自信。

一条记忆民族自豪感的"红飘带"

2019年的中华人民共和国成立70周年国庆庆典，从人民英雄纪念碑向北望，两条规模宏大、飘逸灵动的"红飘带"，环绕在天安门广场东西两侧，仿佛从广场伸出的一双大手，向天安门张开怀抱。飘带正反面各印着传统山水画和五十六个民族的图案，六块高清LED大屏幕镶嵌其中，实时直播庆典的每一幕精彩，让现场观礼的群众都能身临其境地感受到祖国的强大。

无论从造型、材质还是色彩的选择，整个作品都与这个特殊的时间节点、空间属性以及精神寄托完美契合，将国家的形象与文化，艺术化地凝结成为一个视觉符号，帮助人们铭记这个难忘的瞬间（图6-2）。

图6-2　70周年国庆庆典天安门广场媒体雕塑

一段阅读历史文化的故事

为呼应国家"一带一路"发展号召，满载货物的驼队、向往和平的鸽群、栩栩如生的古塔以仿真雕塑的形式致敬一千多年前的长安盛景，书写着我国人民促和平、谋发展的美好心愿。祖国的发展历程与建设成就化身为各式栩栩如生的城市雕塑，城市文化瑰宝化身为公益广告，与街道景观相得益彰（图6-3）。

图6-3　现代手法呈现古代丝绸之路盛况

中华文明源远流长，孕育了中华民族的不卑不亢、顽强拼搏的民族品格。在文化问题上的自觉与自信，关系着人民事业的振兴和发达，关系着国家民族的前途和命运。党的第十八次全国人民代表大会以来，中央文明办印发《培育和践行社会主义核心价值观行动方案》——强调社会主义核心价值观是当代中国精神的集中体现，是凝聚中国力量的思想道德基础。各城市要广泛深入开展培育和践行社会主义核心价值观主题实践活动，努力在全社会形成共同的价值追求。

公益广告作为社会主义核心价值观宣传教育不可或缺的重要组成部分，要积极主动地讲述好中国故事、传播好中国声音，不断提高公益广告宣传的传播力、引导力、影响力和公信力，从而深入贯彻核心价值共识，凝聚文化与价值认知，彰显人民群众文化自信。

中央宣传部、中央文明办主办的中国文明网已把公益广告宣传进行了详细分类，包括方针政策类、城市品牌类、氛围营造类、思想道德类、法制宣传类、生态文明类、公共服务类等。借助户外广告的载体发布公益信息，不仅可体现出中国文化的厚实与丰蕴，而且能潜移默化地提升全民文化自信，彰显民族力量（图6-4）。

图6-4　核心价值观在城市中的广告体现

［第二节］

/展示文化底蕴

一、凝练城市文化符号

城市文化作为城市无形资产的一部分，对内可增进市民的认同感和自豪感，对外可提高城市的知名度和吸引力。打造独一无二的城市形象，才能使珍贵的城市文化真正地"活起来，传下去"。在城市的文化建设中，我们要坚持传承与创新并重，充分保护和利用好文化遗产，留住城市的"根"与"魂"，避免一味地求新求异，使城市文化得到更好的诠释。

每一座城市都有自身的历史文脉，而城市文化特征符号则是在城市发展过程中经过客观和主观的筛选后最终得以保留的，是这座城市形成的最有代表性的认同与表达。蕴含文化特色价值与知识价值的品牌形象已成为城市竞争资源的核心要素。

如何提炼出城市独特价值，演绎出城市独一无二的特色符号体系，实现将城市文化积淀与城市空间设计的有机融合，可以从三个层次进行探索。首先，从城市历史文化、地理风貌、人文风俗、产业特征物等多方面寻找切入点，对当地的文脉、产业等城市"DNA"深入挖掘。其次，提炼最具代表性的文化元素，通过拼贴重构、合理夸张、突出特征、以小见大等创作手法进行抽象提炼，形成专属的文化符号。再次，应用到城市专项设计的各个环节，最终统筹整体城市空间的综合提升改造，使市民游客在漫步街道时轻松识别、印象深刻、产生共鸣。

以文化古城苏州为例。苏州拥有4000多年的悠久历史，素有"人间天堂"之称。粉墙黛瓦、流水人家、树影婆娑，这如江南水墨画般的姑苏老城景象，令人心驰神往。苏州古典园林宅园合一，可赏、可游、可居，其中蕴涵的中华哲学、历史、人文习俗是江南人文历史传统、地方风俗的一种象征和浓缩，在中国乃至世界造园史上都具有独特的历史地位和极高的艺术价值。以拙政园、留园为代表的苏州古典园林被誉为"咫尺之内再造乾坤"，是中华园林文化的翘楚和骄傲。苏州的广告媒体开发，从选址到造型都肩负着展现苏州城市气质的使命。

苏州——"姑苏之门"景观媒体

姑苏区这组落地式户外广告提取了苏州古典园林中"写意山水"的精髓，拱形的轮廓被艺术化地抽离出来，与中心圆形LED屏幕形成一个负空间。到了夜晚，流动的广告画面与拱形侧面的暖色光晕交相辉映，一虚一实，一动一静，从细节处流淌着苏州园林的精致典雅，彰显着这座城市的文化自信（图6-5）。

图6-5　苏州·姑苏区三香路与阊胥路《姑苏之门》

"君到姑苏见，人家尽枕河"

这座位于苏州古城中心的观前街小公园，将水乡的黛瓦灰檐抽象成错落有致的折线投影在建筑立面上，结合象征远景天空的玻璃幕和树木剪影，配以中心广场萦回曲折的水景，一幅层次分明的水墨画应运而生。方案在重现诗画意境的同时，点缀设置了几块户外广告，将户外招牌以单体字的形式融入建筑立面，醒目却不张扬，渲染出小公园活跃、亲人的商业氛围（图6-6）。

图6-6　苏州·观前街商圈

二、诉说城市发展故事

城市，好比一棵古老的树，用年轮记录着岁月的沉淀和时代的变迁。独有的历史文脉、风俗习惯和文化遗产共同搭建了一座座城市，也记录了一篇篇城市故事。对城市故事的认同，是增加对这座城市归属感的先决条件，尤其在城市同质化严重的今天显得尤为重要。将城市故事演变成为城市专属品牌，更有利于找到具有城市特点的发展方向，避免在随波逐流的城市化中泯然于众。

城市在不同的时间、不同的地点都留存着故事，这些故事也以各种方式被不同的媒介和载体记录和诉说着。广告招牌作为一种主要的城市宣传载体，从古到今都被广泛应用于各式场合，无形中向人们传递着一种文化意识、一种生活态度和一篇城市故事。

见证时代变迁

国宝级作品张择端的《清明上河图》中，再现了宋代都城汴京繁华的景象，细看会发现许多"植入广告"的影子。例如随处可见的悬挂式广告，其中幌子有10面，广告招牌有23块，灯笼广告有4个，大型广告装饰——彩楼欢门有5座，总计42处广告之多。其中，酒楼是出镜率最高的商家，足见当时酒业繁荣（图6-7）。

图6-7 《清明上河图》局部——"久住王员外家"竖匾的旅店

长沙太平，梦回明清

长沙市太平街历史文化街区坐落于城区中部，西侧分布着金线街、孚嘉巷、马家巷等，东侧遍布太傅里、江宇里和西牌楼等知名老字号。在这里人们心中的长沙传统、童年记忆、儿时味道等诸多要素聚合、碰撞，充满了市井烟火气息，亲切、放松而又充满情感联系。穿行于古街，除了能直观感受到一系列古建筑所带来的视觉冲击之外，还可以感受到一种历史积淀所散发的文气与韵味（图6-8）。

图6-8 仿明清时期——长沙太平街

太平街是长沙古城保留原有街巷格局最为完整的一条街，太平街一带自古为人文荟萃和商业繁华地带，可谓是"古老长沙"的缩影。改造后的广告招牌，旗幡飘动、古色古香，融书法、建筑、雕刻于一体，集思想性、艺术性、文化性于一身，悬挂在百年老店门前，于细节处彰显着传统商业中的湖湘风情，成为老街上一道亮丽的风景线。

雕梁画栋，古意小镇

乌镇以原汁原味的水乡风貌和千年积淀的文化底蕴被赞为东方威尼斯。相较于灯箱和霓虹灯等现代宣传媒介，乌镇保留着酒旗和灯笼等古老的广告形式，古朴中流露出古城水乡的韵味，勾勒着"闪闪酒帘招醉客，深深绿树隐啼莺"的景致。

马头墙、花格窗、古色古香的店招招牌和广告，让乌镇的每一条路、每一堵墙、甚至是每一个角落都彰显着乌镇气质，把乌镇故事传送到每一个人心间（图6-9）。

图6-9　乌镇街道广告招牌

南京市中山北路是市内交通流量极大的一条主干道，连接着南京的标志性区域中山码头和鼓楼广场，沿线分布着渡江胜利纪念碑、挹江门、江南水师学堂、政治学院、江苏议事园等知名景点或单位。但是纵观道路两旁，大多店家立面色彩杂乱、陈旧，各类架空杆线密如蛛网，沿街广告招牌和灯箱设置随意。2011年11月，南京市政府通过对道路沿线景观环境的梳理和广告招牌的改造升级，最终将中山北路打造成为南京的民国风情一条街，不妨说是近代南京城市发展的艺术缩影。

一座南京城，半部民国史

南京作为六朝古都、十朝都会，在经历了朝代更替和岁月洗礼之后，能留下来的东西已然不多，似乎只有与我们相距不过百年的民国，还能留下一段属于那个时代的风华。处于新旧交叠时代的民国，新鲜事物争奇斗艳，丰富的店招招牌和招贴广告画包罗万象，呈现出东方与西方、传统与时尚、融合与协调的视觉风格，为那个动荡不安的时代，也为南京这座城市赋予了一段传奇的故事（图6-10）。

图6-10　南京民国风情街

广告招牌作为城市商业属性最直接的宣传载体，每一块广告招牌可以说都见证了一个时代的印记。广告招牌宣传的不仅是广告，更是生活，是一座城市的故事。这些饱经沧桑流传下来的文化遗存，正向几千年后的我们诉说着一座城市的演变过程。将城市文化借由广告招牌之笔，让来往的人通过这些细节认可一座城、爱上一座城。

三、推动城市形象传播

"城市形象"一词最早是由美国城市学家凯文·林奇（Kevin Lynch）提出。他认为任何一个城市都有一种公众印象，它是许多个人印象的聚合。美国社会哲学家刘易斯·芒福德（Lewis Mumford）认为"城市形象是人们对城市的主观印象，是通过大众传媒、个人经历、人际传播、记忆以及环境等因素的共同作用而形成的。"换言之，城市形象也是多种传播符号共同建构的"拟态环境"。

凯文·林奇（Kevin Lynch）：美国城市规划专家，主张让人们意识到城市环境与人类主观感受的关系，代表作有《城市意象》《城市形态》。
刘易斯·芒福德（Lewis Mumford）：美国社会哲学家，主张科技社会同个人发展及地区文化上的企望必须协调一致。代表作有《枝条与石头》《科技与文明》《生存的价值》。

如今，广告媒介主导城市形象的案例越来越成熟。例如，山东东营的"黄河入海，我们回家"、浙江金华的"信义之城·和美金华"、四川成都的"一座来了就不想离开的城市"等城市品牌都是借由户外媒介持续传播报道，潜移默化地提升城市影响力。通过树立"受众本位"的理念，研究不同受众群体的特点和喜好，通过他们喜闻乐见的形式对城市形象进行描述，由此构建出一个城市管理者所引导的城市形象。

广告招牌作为城市文化符号的重要展示本体，如实地展示着城市内涵和风貌特征。每个城市都应该挖掘并创造自身独特的文化符号，才有可能避免现代化城市进程中"千城一面"的印象及观感。这种城市形象的定向经营为城市的发展注入了新的内涵，更好地彰显出城市之间群体的差异与个体的魅力。如果说龙舟竞渡的传统文化是汨罗的名片，那么转经祈福的精神信仰则是拉萨的特色。

拉萨"转经祈福"景观媒体

拉萨以风光壮丽、历史悠久、风俗民情独特而闻名于世，是一座具有民族特色的国际旅游城市。"转经筒"作为当地人们特有的祈福方式，是藏区文化重要物象代表。以此为灵感，捕捉柱体形态和金色的装饰纹理等细节加以集中描写，既丰富了造型又增强了地区辨识度，为观者提供了广阔的想象空间。置于入藏主要出入口的这座大型广告媒体，将藏族人民真挚的欢迎与祝福带给每一位旅人（图6-11）。

图6-11　西藏·拉萨文化景观媒体"转经轮"

汨罗"龙游汨水"景观媒体

　　湖南省汨罗市是端午节的溯源地，湘楚文化浓厚，依托于"龙舟竞渡"的传统节庆，提取龙舟造型特点，在广袤的绿草蓝天的映射下，体量高耸的"三足鼎立"造型显得格外宏伟，顶端的柱头纹理、侧面的民族图案配以红棕色的不锈钢材质，使其作为一张汨罗市的新名片，将"湘楚风、屈子魂、端午源"的一幕幕向来往的车辆和行人娓娓道来（图6-12）。

湘楚文化：湘文化与楚文化结合的产物，湘楚文化与荆楚文化、巴楚文化同属楚文化的重要支脉，因承传了楚文化的主旨并形成于辽阔富饶的三湘大地而得名。

图6-12　汨罗文化景观媒体"龙游汨水"

　　城市文化是一座城市的记忆，它记载着城市的过去，叙述着城市的现在，预言着城市的未来。在打造城市形象时，根本还是要回归到城市文化"软实力"的建设上。传承一座城市优良的文化、响应新时代城市发展的号召，提升城市内在的竞争力，才是构建和传播城市形象真正的"锦囊妙计"。

[第三节]

凝聚文化共识/

　　国家文化是由一座座城市的文化汇聚而成的。一座城市的建筑风格、街道环境、思维模式、文化创造乃至市民性格，也从多层次、多角度地投射出这座城市的文化品格。广告招牌将城市文化通过有形的宣传媒介，融合创意的宣传方式，凝聚成独属于这座城市的文化共识。

城市文化依附于城市生活的每一个细节，并通过有形的物质展现出来。户外广告作为一种依托于公共场所的信息载体，蕴含着巨大的社会传播力量和公共服务价值。2008年的北京奥运会，将中国嵌入世界的记忆中，户外广告在其中起到了不可或缺的作用。我们通过这些宣传媒介，将以"和"为底蕴的中国画卷展现在世界面前，尝试着用世界的语言讲述生生不息的中国故事，诠释了中华民族"协和万邦""和而不同""同中求异、取长补短"的"和文化"理念。通过多种宣传媒介，让世界看到了东方文化的价值与追求，感受到了中国的平和、开放、热情与包容。没有生涩的解释，没有强力的灌输，中国故事娓娓道来，中华文化的独特意蕴让中华儿女更加坚定文化自信。

在2020年突如其来的新型冠状病毒肺炎疫情期间，户外媒体大放异彩。与城市疫情有关的户外公益广告陆续上刊，不仅传播疫情防控知识，还增强了人们对社会复苏的信心。据不完全统计，全国各地仅地标性建筑及落地户外载体提供了约100万平方米的户外广告，通过广告展现了全国各地人民同舟共济、共战疫情的坚定决心，颂扬了抗战在一线的最美逆行者勇于担当、无私忘我的宝贵精神。

一棵温暖城市的"治愈之树"

在新冠病毒倏然而至的2020年，植树节之际，外滩之窗大屏种下了一棵"治愈之树"，这棵树根据当天新型冠状病毒肺炎疫情全国治愈人数的增多而生长，每一个横向树枝代表一个省份，树枝汇聚成全国的治愈总人数。以数据可视化为手法，户外广告为载体为城市加油，向所有医护工作者致敬，用温度点亮城市，用色彩点亮生命的希望（图6-13）。

数据可视化：通过易读、易懂、易操作的图表给观众带来良好的视觉效果，降低用户的理解难度。

图6-13　治愈之树疫情数据广告画面

一群温暖城市的"最美逆行者"

在全民参与新型冠状病毒肺炎疫情防控阻击战之际，一组"最美逆行者"的笑脸陆续在全国多个城市地标的巨型屏幕上绽放，照片的主人公是在湖北抗疫一线的医护人员摘下口罩的照片。一个又一个城市地标自发陆续加入亮灯行动，通过滚动播放这些最美医护人员的笑脸的方式，向他们致敬（图6-14）。

图6-14　"最美逆行者"广告画面

一条见证城市历史的路

中山路，为中国城市中较为常见路名之一。为纪念中国伟大的民主革命先行者孙中山先生，故以"中山"命名。中山路最早出现在南京、广州、上海，在抗日战争胜利后，石家庄等全国许多城市相继将原有或新建、改建的重要道路用中山路命名。

就城市属性而言，石家庄本就是"一座火车拉出来的城市"，中山路不仅是名字而已，而是石家庄的立市之路，不仅历史悠久，且道路沿线分布着河北省博物馆、老火车站、北国先天下、新百广场等一批具有城市文化记忆的特色建筑。在品牌标识设计中，以"中山"二字的字形为基本出发点，同时融合铁路、交通、商业、活力等视觉元素，运用简洁的线段体现了石家庄中山路区别于其他城市中山路的独特基因（图6-15）。这套品牌标识被广泛应用于城市家具、雕塑景观、街道地铺、广告招牌等城市空间设计的各个环节，全方位地将城市品牌渗入到城市建设中（图6-16）。

图6-15　石家庄市中山路符号延展（一）

图6-16　石家庄市中山路符号延展（二）

第七章

整体性原则/

《周礼·考工记》中记述了一套营造国都的城市设计标准："匠人营国，方九里，旁三门。国中九经九纬，经涂九轨。左祖右社，面朝后市。市朝一夫。"其中"市"就是商业聚集区，如唐长安城的西市、东市。国都这样规划，其他城市也是如此。但是，现代城市的规模远不止"方九里"，在城市的总体规划中，商业区的数量也不再局限于一两处。形成原因的不同，商业区的规模也不尽相同：大到一个片区，如北京的三里屯、深圳的华强北；中到一条街道，如上海的南京路、济南的泉城路；小到一个路口，如郑州的二七广场，东京的涩谷十字路口。

商业区是城市的活力中心，向来是城市最为热闹与繁华的区域，也是广告招牌最为集中的地方。穿行于城市空间中，广告招牌从来不是孤立存在的，它们与建筑、景观、城市家具和导向系统等诸多要素共同构成了一套完整的城市视觉系统。城市作为一个有机整体，只有统筹考虑所有要素，才能维持和谐统一的视觉秩序。

如果将商业区比作一处园林，那么广告招牌就是其中的花草。如果不加修葺和管理，再美的园林也会成为野草的天堂，多少名花异草都难逃被埋没的厄运。好的园林应当是园艺主题突出、花木疏密有致的。因而在管理上要控制总量、统筹布局、因地制宜、因材施策，才能保证园林生机盎然，使游者乐游，居者乐居。

整体性原则主要体现在塑造活力中心、打造示范道路、聚焦人气节点三个方面。通过"面、线、点"的整体规划布局，使户外广告在整个区域中形成疏密有致的视觉秩序，在主要商业道路上形成跌宕起伏的视觉节奏，在人气较高的节点上形成全景联动的视觉高潮。

/塑造活力中心

商业区作为商务及文化活动的聚集地，汇集了大量的品牌和商家。活跃的商业活动对户外宣传形成了巨大的需求。但是，重复设置的户外广告，数量失控、品质低下，容易造成视觉污染，使广告价值和城市视觉品质走向双低。

有效的防治措施为"减量提档"——缩减传播效率低的广告位，提升展示效果良好的广告位的传播效率。可以将静态广告酌情转换为动态广告，有助于进一步满足片区内的品牌宣传需求。这样不仅可以提高单块广告位的商业价值，吸引优质发布者竞争投放广告，实现片区户外广告价值的最大化，同时也最大限度地还原了城市界面。

华强北商业区户外广告规划

华强北商业区位于深圳市福田区，前身是生产电子产品的老工业区。随着工厂外迁，商场入驻，这里逐渐变成深圳最具人气的商业旺地之一。建成初期，这里的户外广告数量繁多、秩序紊乱，品质低端。沿街建筑被遮盖，广告价值被稀释，亟待整体提升（图7-1）。

图7-1 华强北商业区改造前户外广告现状（一）

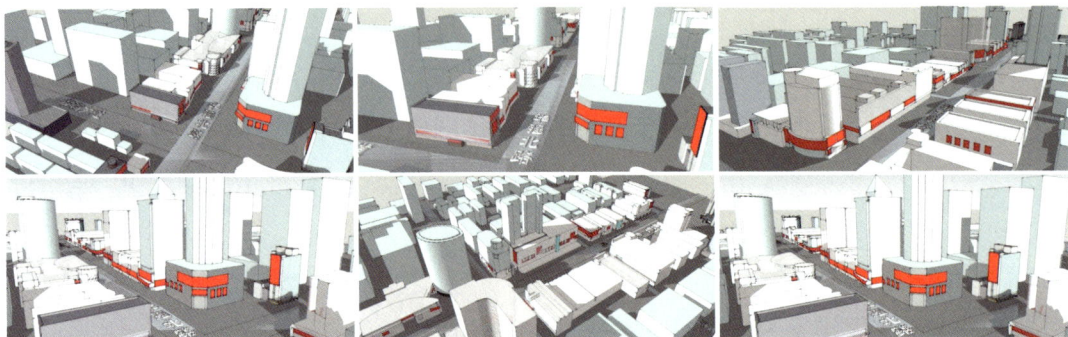

■ 现有户外广告数量及类别

类别	喷绘灯箱广告	LED广告	三面翻广告	喷绘外打灯广告	玻璃贴广告
数量	30	17	18	152	14

图7-1　华强北商业区改造前户外广告现状（二）

　　深入调研后得出以下结论：（1）片区内以商业、办公用地为主，兼顾少量居住用地。商业用地主要集中在华强北路的两侧。（2）建筑风格以现代建筑为主，品质参差不齐。天际线高低错落，在南北两侧和中心位置分别形成了三个制高点。（3）路网呈现"两横三纵"，其中的华强北路，既是联系城市快速干道深南大道的必要纽带，也是串联区域内其他道路的主要桥梁。密集的车流和人流，使其成为广告价值颇高的人气节点（图7-2）。

　　基于以上分析，由华强北路中间的三个视觉高潮形成了"一轴一心两翼"的整体规划："一轴"，即华强北路步行街景观轴线；"一心"，即由周围四大广场共同形成的视觉中心；"两翼"，即由北入口和南入口各两栋建筑所形成扇形视觉焦点。通过强化秩序、烘托中心，平衡布局、延续视觉的手法，完成整个片区户外广告的布局规划（图7-3）。

北翼　　　　　　　核心　　　　　　　南翼

华强北路东侧（N-S）

红荔路　振兴路　振华路　振中路　深南中路

华强北路西侧（N-S）

■ 常规媒体　■ 电子媒体　■ 新型媒体

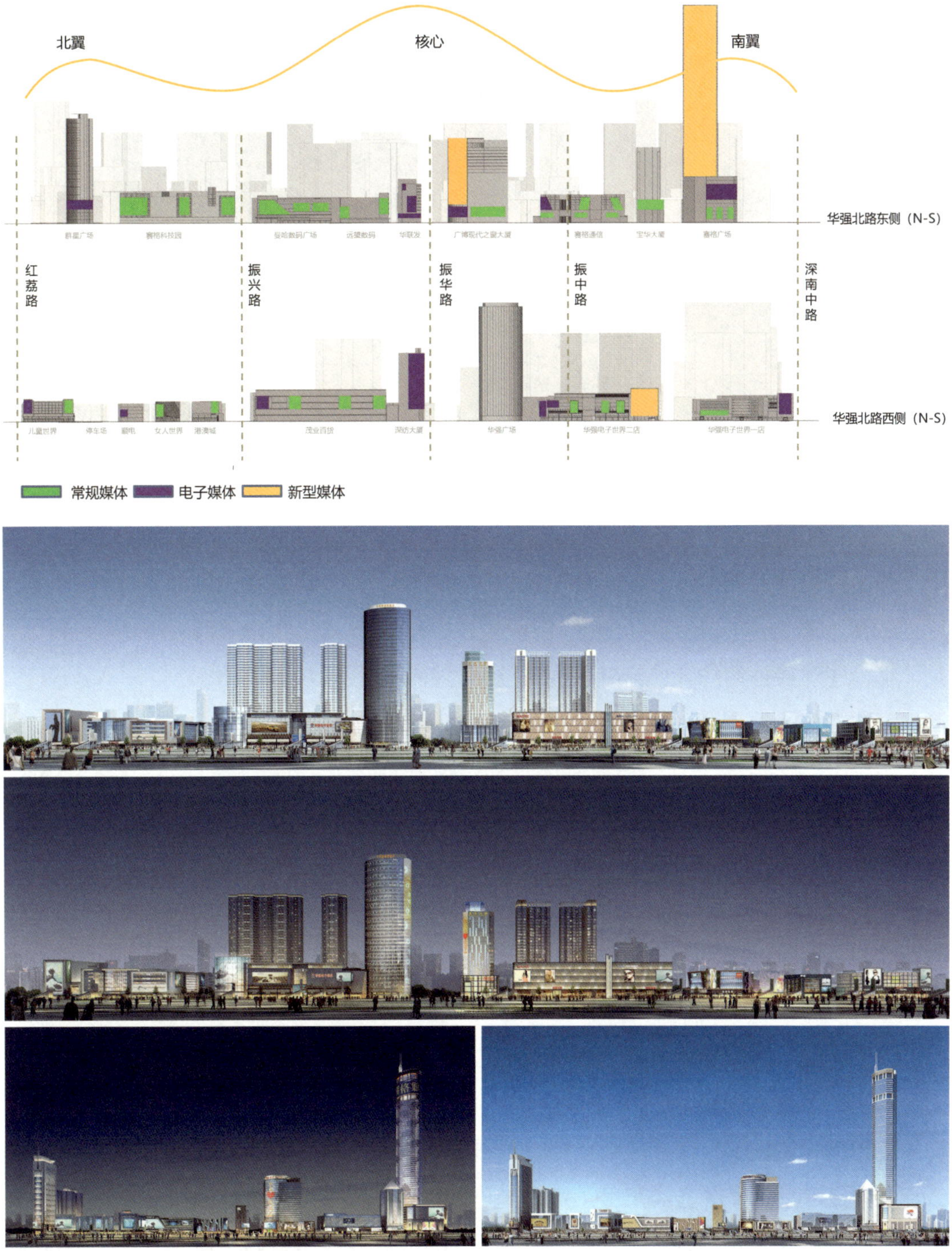

图7-2　华强北路户外广告规划

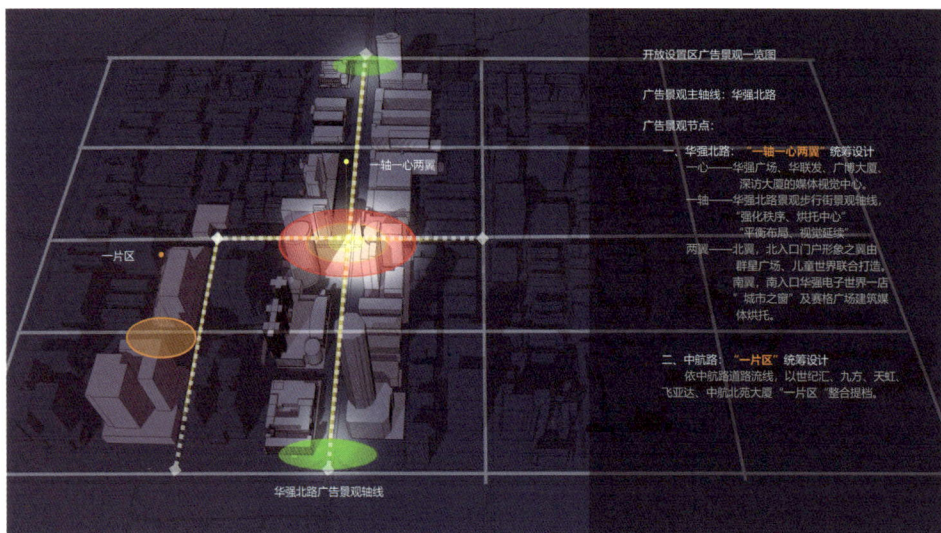

图7-3　华强北商业区户外广告媒体规划

在上述框架的指导下，以减量提档为总体思路，减少非重点片区广告数量，着力烘托重点片区的广告价值；以视觉一体化为设计原则，结合建筑特征将户外广告融入建筑立面，并同步设计夜景照明，最终形成广告设置有序、视觉元素多元的活力街区。

[第二节]

打造示范道路/

道路是市民生活和城市形象紧密结合的重要展示界面。重要道路上广告招牌的设置需注意：第一，符合总体规划的基础上，综合考虑街道的整体风格。例如，在行政大道和快速交通干道上，应尽量控制户外广告的总体数量；在特色商业街，可根据需求空间灵活设置。第二，要详细考察街道的各类尺度（机动车与非机动车道宽度、步行道宽度、间隔绿化带宽度等）。第三，广告招牌的设置样式尽量与建筑语言相协调。

在设置广告招牌时，需要统筹考虑道路的情况。道路形态的带状商业区，通常兼具重要的交通功能，与市民生活和城市形象展示息息相关。由于商业街形成的历史过程复杂多样，道路两侧建筑的风格和属性往往也是极为丰富的。不同类型的建筑对户外广告有着不同的兼容性，对招牌的设置样式也有着不同的要求。此外，商业街的宽度、两侧绿化的遮挡情况也对户外广告的设置有着显著的影响，宽阔而通透的道路适合设置大型户外广告，狭窄而树木丰茂的街道，则更适合设置中小型户外广告。

泉城路——打造示范道路

泉城路位于济南市历下区，因济南别名"泉城"而得名。它是集购物、旅游、娱乐于一体的标志道路，同时也是济南最繁华的商业步行街。因建造年代不同，沿街建筑的风格较为繁杂。改造前的户外广告数量众多、秩序混乱，与建筑本体互不兼容（图7-4）。

泉城路上的机动车道与非机动车道之间以悬铃木间隔，树木排布紧密，对两侧建筑的遮挡较为严重。但步行道较为宽敞，符合商业步行街的定位。因此，除路口节点外，泉城路更适合设置人行视角观看的小型户外广告。整条路建筑风格多元，且成段集中分布，可大致分为综合商业区段、传统风貌区段、现代商业区段和商务休闲区段四种不同类型（图7-5）。

图7-4 泉城路户外广告媒体现状

057

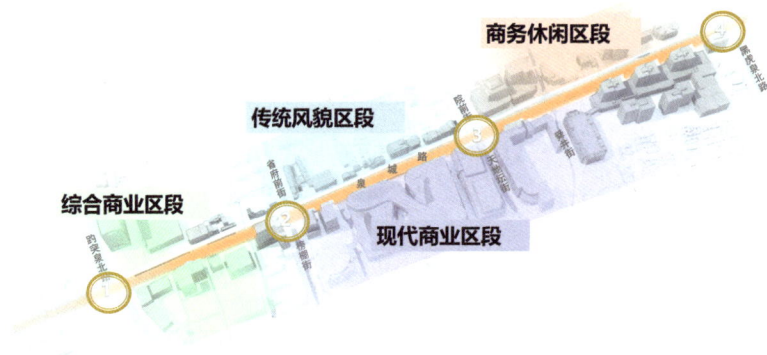

图7-5 泉城路区段分析

　　"四面荷花三面柳，一城山色半城湖"是对济南的最佳写照，"山、泉、城"因此也成了济南的代名词。泉城路上的综合商业区段和商务休闲区段的建筑稳重浑厚，可谓是"山"之型，可适量设置嵌入式的静态灯箱或缓慢动态的LED屏，以呼应区段安静舒适的定位；现代商业区段建筑灵动通透，如泉"水"之韵，可集中设置能融入立面的光栅屏幕或者安装于玻璃幕墙之后的灯箱；传统风貌区段建筑古典隽永，象征"城"之魂，应充分尊重古建样式，用匾额、楹联、招幌和灯笼等传统形式代替现代的广告招牌（图7-6）。

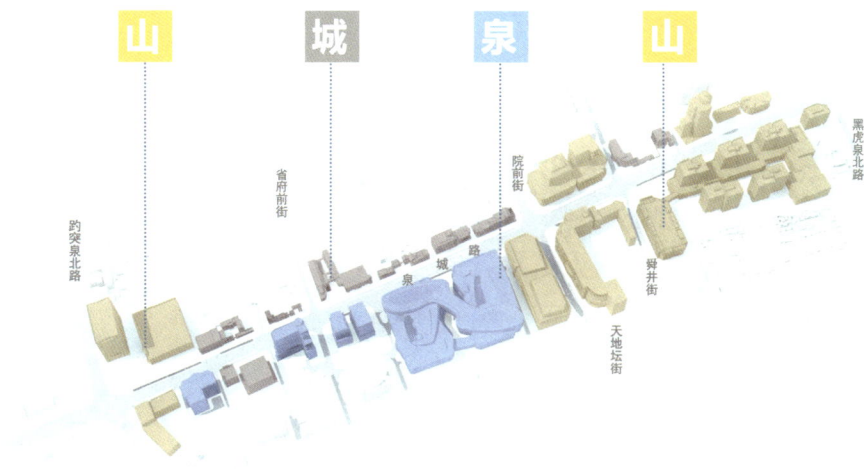

图7-6 泉城路示范道路设计方案（一）

图7-6　泉城路示范道路设计方案（二）

/聚焦人气节点

人气节点的打造，是在总规和控规基础上进行的局部设计。节点在整个区域或道路中的定位，反映着详细设计的大方向。例如，商圈核心区域节点位于区域或主要道路出入口的门户节点，应当着重展现整个区域或道路的精神面貌，设置具有文化标志性的大型户外广告；位于区域或道路中间的一般节点，应配合区域或道路的整体定位酌情设置。

节点广告的成功打造关键在于与周边建筑环境的和谐共存。建筑的风格特征、设计语言、夜景照明亮度等都直接影响着广告的展示效果。不仅包括这些元素在单栋建筑上的关系，还包括不同建筑间各元素的联动。因而节点设计一定是在尊重建筑的前提下完成的视觉一体化打造。

以如皋市海阳路和中山路交叉口节点为例，作为行政大道和商业大街的交汇处、如皋最具人气的节点，周边的建筑并没有很好起到烘托氛围的作用：广告招牌覆盖严重、色彩对撞不相协调、灯光照明严重不足。通过深入挖掘当地文化，分析节点所处环境，对广告招牌、建筑立面和夜景照明进行一体化的改造设计，可使节点展现出城市深厚的文化底蕴，使户外广告形成全景联动，渲染出繁华的商业氛围。

如皋市海阳路与中山路交叉口

如皋市是江苏省历史文化名城，世界六大长寿乡之一。如皋古城有内外城河环绕，外圆内方，形如古钱，海阳路和中山路是古城的南北和东西轴线。海阳路是曾经的行政大道、中山路是经典的商业大街，二者的交叉口，形成了城市最具人气的节点（图7-7）。

虽地处江北，但当地的传统建筑（如水绘园、董小宛故居）仍具备"粉墙黛瓦"的江南建筑风格。因此对海阳路与中山路交叉口节点四栋建筑改造，总体保留了白墙灰檐的特征，但色彩向暖色偏移，以呼应商业建筑亲人的属性。特别是中山路城市广场，结合建筑结构，以凸出的楼梯间为卷轴，转角的弧形立面为竹简，似一幅展开的书卷，彰显如皋深厚的文化底蕴（图7-8）。

图7-7　如皋市海阳路与中山路交叉口改造

图7-8　如皋市海阳路与中山路交叉口节点广告方案设计

　　户外广告的排布结合建筑结构，有的采用横长、舒展的比例，结合楼宇标识保留适当留白，将画面镶嵌其中。有的横跨三个转折面：中间画面竖长，如凤之冠；左右画面横长，如凤之翼。三栋建筑上的广告尺度相近，高低相接，横竖相间，奠定良好的联动基础（图7-9）。

　　户外招牌的设计既符合整体的建筑语境，又充分尊重了品牌个性。招牌的边框采用了与屋檐相近的样式，如同建筑上长出来一般。相邻店铺的版式设计和而不同，店铺之间以"篆书百寿"符号作间隔，既缓冲了视觉冲突，又传播了如皋的长寿文化。

　　为营造节点动中有静的夜景节奏，光色方案采用暖白光搭配暖黄光：暖白光洗亮建筑主体墙面，暖黄光则负责屋顶和檐口。在展现行政大道庄严稳重的同时，也渲染出商业街区的多重活力。在亮度控制上，中心建筑采用了较高的亮度，强调节点在整个城区中的重要地位，配合缓慢的动态变化，以照顾夜间车行驾驶员的感受。

图7-9　如皋市海阳路与中山路交叉口节点夜景方案设计

/多元性原则

成功的广告招牌设置状态并非整齐划一，而是百花齐放。广告招牌所在的区域属性、建筑个性和设置条件及目的各不相同。所以在世界格局中，城市的多元性决定了广告招牌的多样性，也因此无法以统一的标准去衡量一座城市中广告招牌品质的高低。只有充分了解各种材质的特性，结合所在城市发展实际需求，才能根据形式和功能选出最恰当的组合。

广告招牌的多元性主要表现为视觉形象的多样，通常从形式、材料和功能三大方面描述。具体来说，即通过对艺术造型、文字图标、材质工艺等具体参数的导向控制，使其既融于环境又兼顾特色、吸引人气的同时提升街道氛围。

［第一节］

/形式多元

户外广告按设置位置的不同可分为附属式户外广告设施、独立式户外广告设施和移动式户外广告设施三种类别，其中附属式又包含建（构）筑物上的户外广告设施和公共设施上的户外广告设施两种。在科技和需求的不断发展中将持续出现更多新的形式。

一、建（构）筑物上的户外广告设施

建（构）筑物上的户外广告设施是城市空间中最为常见的户外广告形式。近年来，LED联控技术的成熟使得摩天大楼立面作为展示屏幕的试想成为可能，一种新兴的广告与建筑的结合形式——"媒体立面"应运而生。它依托于城市中各种空间立面，借助声光电的手法呈现新的图像和信息的视觉艺术。媒体立面涉及建筑设计、视觉传达、动画媒体、LED光学照明、智能科技等诸多专业学科，每一个发光的媒体立面都是一件城市空间艺术作品。它们为城市的夜晚提供了叙写故事的可能性，也成为城市经济新的增长点。

上海海关大楼4D投影广告

2012年12月31日，在上海外滩上演了一场震撼的4D灯光秀，网上征集的365张上海市民的笑脸一同被投影在海关大楼的建筑立面，拼合成"我爱上海"的字样，将上海市独特的海派文化以当代艺术的手法别样呈现，向世界传播了上海这座城市"包容·共享·有爱"的发展理念和城市精神（图8-1）。

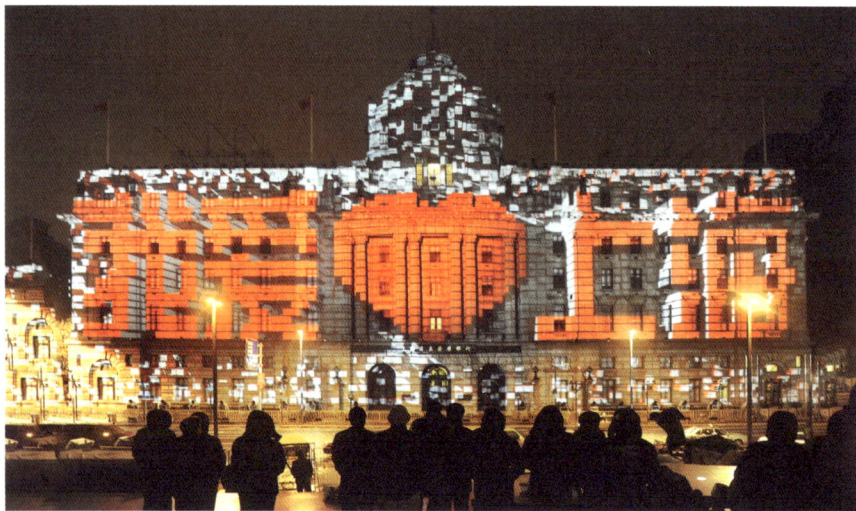

图8-1 上海海关大楼主题投影广告

迪拜哈利法塔——当塔身不再只是表皮

高828米的哈利法塔，塔身正面全覆盖高清LED屏幕，是世界上最大的附着于建筑立面的高清LED显示屏，每当夜幕降临，伴随着震撼的音乐和绚丽夺目的灯光，整座哈利法塔正面变身成一块巨型广告背板，瞬息万变的广告画面在这座城市的制高点建筑上流动闪烁，实现了建筑表皮和立面结构的完美结合（图8-2）。

图8-2 迪拜哈利法塔媒体立面

悉尼歌剧院——"多元文化艺术的载体"

　　享誉国际的悉尼歌剧院已然成为澳大利亚一张响亮的艺术名片。每年一度的悉尼灯光音乐节投影秀，艺术家和设计师们借助灯光投影音乐，营造各种视错觉奇观，使整个建筑"改头换面"、满载奇趣与张力（图8-3）。

图8-3　澳大利亚悉尼歌剧院灯光投影

二、公共设施上的户外广告设施

　　公共设施作为城市空间中最小尺度的景观构成，分布极为广泛。因其本身具备特定的功能属性（公交候车亭、路灯、自动售货机等），广告的植入将有效提升城市户外广告系统的商业性，更好地为市民服务。

　　常见的可附着广告的公共设施包括设置在道路两侧和公共场所的灯杆、电杆、公交车站牌、候车亭、报刊亭、电话亭、信息栏、自动售货机、自行车棚等公共设施上的各类户外广告设施。

南京创意公交候车亭与智慧路灯

　　南京弘景大道上简洁现代的公交候车亭与智慧路灯等系列公共设施为整条道路增添了艺术亮点。候车亭高清LED屏幕的广告画面为缓解人们等车的焦虑提供了更多选择，公益广告和商业广告的交替运行也为城市公共设施运营系统的维护和管理提供了资金支持。广告附着的公交候车亭使得城市空间中的视觉层次更加丰富，创造出兼具功能与美感的新型城市小环境（图8-4）。

图8-4　南京公交候车亭广告

三、独立式户外广告设施

独立式户外广告设施是城市文化的独特性、城市形象的宣传性、信息传播的可读性三者的集中展示窗口，设置的形式、体量及材质应依据不同城市的基础条件（地理位置、气候条件、历史文化等）而确定。

常见的独立式户外广告设施按体量可分为大型和中小型。前者多分布于人流、车流较为密集的城市出入口或城市内部重要节点，传播频次高、经济附加值相对可观。后者多分布于城市道路两侧、道路中分带、隔离带、街心公园等各种城市碎片空间，尺度更为亲民，与行人的互动性和关联性也更为紧密。因地施策才能最大限度地发挥户外广告对于城市空间的积极作用。

广州白云机场——有广告陪伴的机场走廊

广州白云机场的数字化沉浸式走廊，序列化地陈列于人流量极大的机场走廊，将广告从墙壁上解放出来，使之作为一系列独立的空间艺术装置。同时将立面和顶面统筹考虑，大幅拓宽广告画面的展示跨度，强化了旅客对广告的即时印象，更为其创造了一种穿越隧道的沉浸体验感（图8-5）。

图8-5 广州白云国际机场数字化沉浸式走廊

华尔街"Fearless Girl（无畏女孩）"

2017年的妇女节，纽约证券交易所门前的"铜牛"对面迎来了一位"Fearless Girl（无畏女孩）"。在这个以男性为主导的金融街上，这个斗志昂扬的"小不点"，昂首挺胸，跨越年龄与种族，表达了女性的勇气和无畏。广告信息传播与公共事件和社会效应之间的连锁反应，使这个小女孩因此成了一种文化符号和一个人们表达平等诉求的话题点（图8-6）。

铜牛：华尔街的标志之一，位于华尔街斜交的百老汇大街上，寓意只要有铜牛在，股市就能永葆"牛市"。

图8-6　华尔街无畏女孩（Fearless Girl）

荷兰·阿姆斯特丹——城市文化雕塑

　　诞生于2014年的阿姆斯特丹新地标运用同音置换的手法，巧妙地将"Amsterdam"中的"am"与英语语法第一人称中的"I am"融为一体，既代表着"我站在这里"，也意味着"我是阿姆斯特丹人"，一语双关，正是这样一句简单的口号，赋予了这件雕塑一个"有温度"的生命，将城市文化深深地印在每一个市民和游客心中（图8-7）。

图8-7　荷兰阿姆斯特丹城市公共雕塑

四、移动式户外广告设施

移动式户外广告设施泛指附着于可移动交通载体外部的广告形式，成本低廉、受众范围广、交通指向性较强、信息暴露频次达到较高水准，容易给过往的行人留下深刻的印象。适用于人口密集的城市，常见的移动式户外广告载体包括飞机、巴士、高铁、地铁等。除此，近几年兴起的无人机编队表演也为我们提供了别样的视觉震撼。

香港巴士车身广告

巴士是香港日载客量最多的公共交通系统，公交车身广告上画率高达70%以上。巴士是道路上较为大型的交通工具，张贴于车身的广告令巴士成为户外流动广告板。车身广告的类型也从横幅、彩色喷绘进化到与灯箱结合的LED显示屏。此类广告展示面积大、画面冲击力强、制作成本相对较为经济、上刊速度快、更适合应节宣传、在产品推广应用中扮演着重要的补充角色。

香港街头五彩斑斓的巴士车身广告，车容车貌整洁、制作工艺精良、已成为香港市民文化的一张名片。同时这种移动式广告形式也以点带面地辐射到内地，使品牌推广的叠加效应更为明显（图8-8）。

图8-8　香港巴士车身广告

无人机编队表演

作为以技术为导向的新型广告形式，无人机的呈现更为立体、更具创意。操作者只需控制按钮，上百架无人机即可通过色彩变幻和排列组合在空中呈现出各种满赋情怀的画面，点亮城市的夜空。表演结合当下最先进的自组网、人工智能、大数据、云计算等技术，辅以灯光设计，可呈现出别出心裁的视觉盛宴（图8-9）。

图8-9　重庆市无人机编队表演

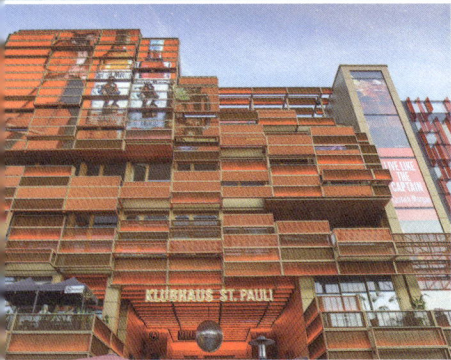

/材料多元

随着科技的进步，广告招牌材料的快速迭代为行业的发展提供了更多可能性。从喷绘到外投灯、从发光灯箱到玻璃屏，不同的材料组合往往呈现出丰富多样的视觉效果。常见的材料及其特性如下表（表8-1）：

常见的材料及其特性　　　　　表8-1

媒体材质		特性	适用场景	造价
主动发光类（含投影）	LED屏	广告发布灵活	高频次展示区域	适中
	光栅屏	组装方便 轻薄通透	城市立面展示区域	适中
	平面投影	广告发布灵活 施工快捷	夜间大面积展示区域	适中
	全息风扇灯	立体感强 操作便捷	高价值 近人展示空间	适中
	玻璃屏	轻薄通透	高价值 通透展示空间	较高
	旋转屏	动态视觉效果	人流聚集高端区域	较高
	波浪屏	三维立体动态	人流聚集高端区域	较高
	LED三面翻	动态、平面广告 相结合	大面积展示区域	较高
	水幕投影	沉浸式体验	各类水系场景	较高
	全息投影	立体感强	人流聚集高端区域	较高
被动发光类	外打灯宝丽布	施工快捷 耐候性强	低频次更换区域	较低
	外打灯喷绘	施工快捷 画面单一	低频次更换区域	较低
	外打灯三面翻	三倍画面表现 动态视觉效果	大面积展示区域	适中
	LED内发光灯箱	画面品质高	中小型展示区域	适中
不发光类	喷绘	施工快捷 画面单一	低频次更换区域	较低
	宝丽布	施工快捷 耐候性强	低频次更换区域	较低
	玻璃贴	施工快捷 通透性强	户外玻璃界面	较低
	三面翻	三倍画面表现 动态视觉效果	大面积展示区域	适中

图8-10

如此纷繁的材料选择为城市的多层次夜景打造提供了坚实的技术保障，城市的建设者应本着精致建设、精细管理的原则，根据自身需求选择与城市经济实力及发展定位相符的广告形式与材料，只有这样才能营造一种人、城市与科技三者之间和谐互融的良好氛围。

翼展屏——打造视觉焦点

上海虹桥高铁站在南北两个汇合点分别设立了一座旋转广告屏幕，为候车大厅的旅客提供了一个动态的电子标识系统，运用多层屏幕自由组合，在高人流量的高铁站运用新媒体设备，旋转的屏幕让广告内容更加生动，品牌价值得到最大角度展示，更为候车的旅客带来真正的便利（图8-10）。

图8-10　上海虹桥高铁站落地旋转广告牌

波浪屏——让广告舞动起来

马来西亚吉隆坡WOLO酒店外墙的LED波浪大屏由264个独立的运动模块组成，受远程平台操控，每个模块按特定轨迹跳跃伸缩，如波浪一般流转炫目。这款动态媒体屏幕不仅提升了建筑立面的品质及酒店品牌形象，也为其他商业品牌提供了展示空间（图8-11）。

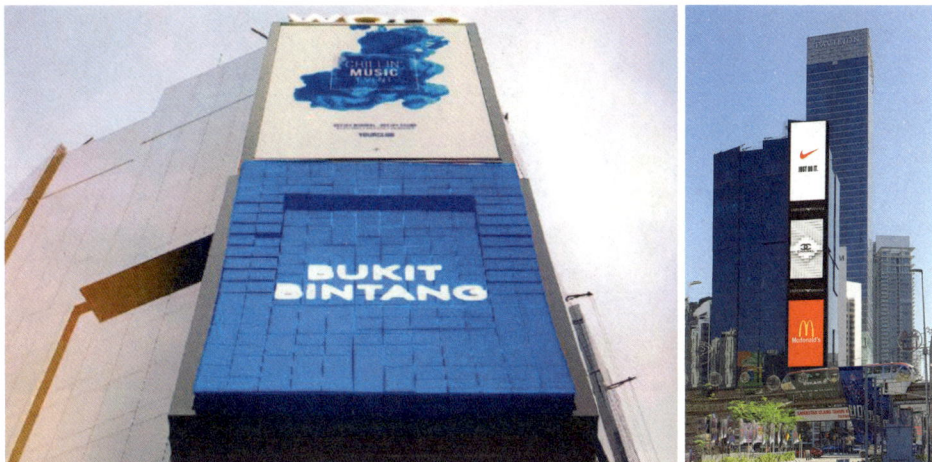

图8-11　马来西亚吉隆坡波浪屏

光电玻璃屏——与环境相融

　　作为中国电子第一街的华强北已然成为深圳市的一张名片。本次灯光环境提升设计的主题是：用科学及艺术营造城市。改造采用了"三新"的理念，即通过艺术创作将新技术、新工艺、新材料巧妙地进行结合，营造出流光溢彩的高品质商业步行街。位于步行街入口的这组灯光媒体雕塑是第一次采用角支撑的立方体玻璃屏；第一次将立方体玻璃屏、点阵矩阵屏及玻璃线条屏进行联动播放等。

　　视频创意也是本次灯光提升的一大亮点，设计师将电子、科技、节庆、花城等不同主题的元素通过立体成像技术展示给观众，夜晚美轮美奂的视觉效果让观者如痴如醉，提升后的华强北商圈再次成为深圳市夜景观的一大亮点（图8-12）。

图8-12　深圳福田区华强北商圈光电玻璃屏（一）

图8-12 深圳福田区华强北商圈光电玻璃屏（二）

[第三节]

功能多元/

　　户外媒体作为城市空间运转的重要参与部分，应切合城市总体发展趋势，满足大众最为迫切的实际需要。换言之，应以户外广告招牌为载体，实现对城市公共区域的功能集成、空间整合和体验升级。生活中常见的智慧自行车双层停车、亭类合并、多杆合一等举措让城市空间更有序。各种装配式落地广告设施、老旧电话亭的改造升级、书香驿站等越来越智能的一体化设计为户外广告的投放提供了新的思路和方向，成为今后发展的新趋势。

　　各种亭类设施和中小型城市家具（候车厅、售卖亭、阅报栏、路灯、座椅及垃圾桶等）是城市网格化布局下户外广告的重要载体。此类设施体量小、数量多、与市民日常生活最为紧密，布局设置应以"整合设置品类、减少占地面积、完善功能模块、升级服务体验"为原则，在城市空间中形成一道亮丽的风景线。

　　通过有效的整合可实现资源的节约。西安高新区的智慧公交候车亭是一体化设计的典范：智能监控、全彩显示屏、即时充电、免费网络、自动售卖、信息查询等众多实用功能借助户外广告的载体化零为整，极大地便利了市民；其中雾森降温、座椅加热的贴心功能大大升级了人们的候车体验。

功能：化零为整——西安的城市关怀

西安市高新区的智慧公交候车亭，实时报站、雾森降温（夏季）、座椅加热（冬季）、自动售卖、免费网络、信息查询、一键报警、微信便捷取药等多种便民功能合而为一极大地提升了市民公共交通出行的体验，简洁现代的造型使原本枯燥板正的公交候车亭成为街道的一大亮点，处处体现着西安这座城市的人文关怀和城市精神（图8-13）。

智能摄像头
夏季降温雾森
全彩显示屏

触摸互动查询屏
自动售卖机
光栅屏幕
紧急急救箱

USB充电口
冬季加热座椅

图8-13　西安市高新区智慧公交站

空间：旧物升级——"LinkNYC（连通纽约）"

2014年11月，纽约市制定了一个名为"LinkNYC（连通纽约）"的计划，将所有的公共电话亭拆除，重新架设一种"多功能电子立柱"。这个立柱融入了高速WIFI、LCD互动屏幕、公共电话、一键报警、应急查询、网络缴费、即时充电、自行车租赁等多项便民功能，使纽约实现了全域WIFI覆盖，为纽约市民提供全球规模最大、速度最快的免费无线网络。立柱外侧的电子屏幕不间断地滚动广告画面，无时无刻地吸引着人们的注意。科技正推动着各行各业资源的整合，广告招牌与城市家具功能的一体化正成为一种新的趋势（图8-14）。

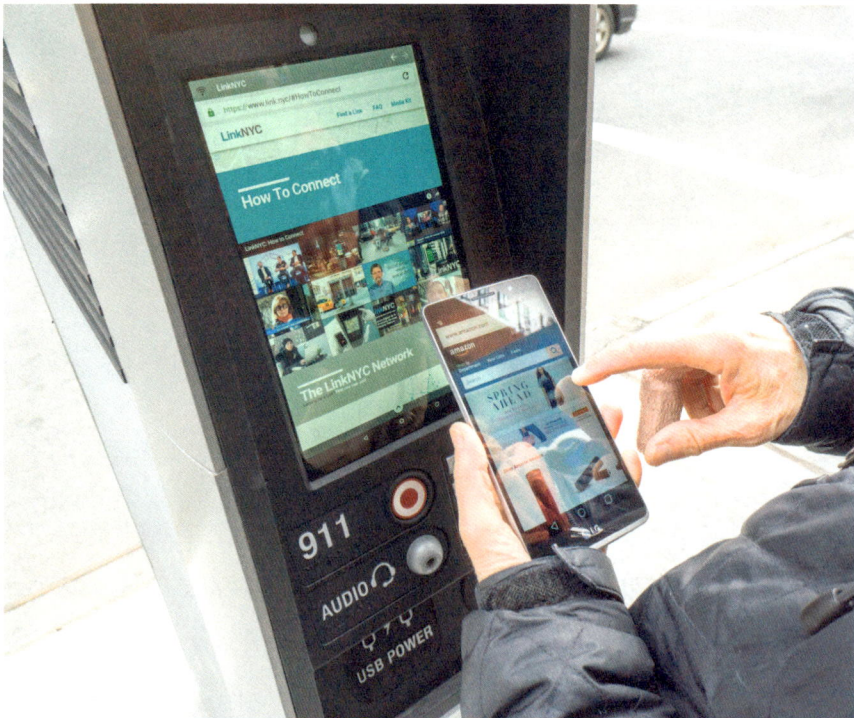

图8-14　LinkNYC智能数字媒体广告柱改造

体验：科技关怀——"智能棕榈树"

　　迪拜的"Smart Palm Trees（智能棕榈树）"系列设施为迎接世博会在各大海滩边等公共空间投放使用。这套智能化设施通过太阳能获得并储存电源，为内置的LED灯夜间供电，同时还提供免费网络和广告屏幕的用电供应。配套的公共座椅可以遮阳和快速充电，充分考虑了沙滩这种特殊类型户外空间中市民的使用需求及环境限制（图8-15）。

图8-15　迪拜"Smart Palm Trees"系列城市家具

　　广告招牌对于城市公共环境空间的改善，应该强调尊重城市环境本身的多样性，坚持文化引领、环境塑造、服务完善的原则，分类别、分体量、分层次地融入城市的环境中，丰富人们的生活，助力城市活力发展。

[第九章]

地标性原则/

20世纪60年代，凯文·林奇（Kevin Lynch）在《城市印象》一书中将人们对城市的印象归纳为五种元素——道路（Path）、边界（Edge）、区域（District）、节点（Node）和地标（Landmark）。"地标"不仅是一种符号，更是城市文化特征和精神内核的物化体现。

自古以来，地标的载体一直处于不断变化发展中。一万年前，人们以山川、河流、星象为地标；一千年前，人们以宫殿、城堡为地标，以教堂、寺庙为地标，以园林、楼阁为地标；一百年前，摩天大楼、钢铁桥梁、城市雕塑成为新的地标。无论地标景观、地标建筑还是地标雕塑，都随着时代不停演变。进入数字化信息时代后，商业的聚集效应催生出越来越多的新型地标媒介。

地标是一个城市提升知名度、拥有话语权的关键点。地标媒介不一定专指一栋建筑、一件艺术品或一个媒体立面，也有可能是一条历史道路、一片主题街区，甚至是一个每年固定举办的活动或节日。所谓"形有所指"，是针对物质层面来说，地标需要一个具体的实际存在的形象；"言之有物"则是精神层面而言，它是一座城市或一个特定区域的文化象征或特色凝练，是人们去过之后的回忆和到达之前的向往。

[第一节]

地标街区/

广告招牌的本质属性是信息传达，城市文化、商业品牌、公益宣传等都可以以此为载体向大众传递。城市中具备顶级商业价值的地段中，大量的人流车流与密集的公共活动使得传播内容的价值更为突出、传播速度更为可观。好的商业氛围越来越注重广告招牌的艺术化、体验化和情景化，消费者沉浸其中获得舒适愉悦的观感体验，从而激发出更多潜在的消费意愿。

商业的集聚效应使得城市中户外广告的附着载体多组团分布，建筑作为载体，科技和灯光的注入能快速提升关注热度，从而打造"文化策源地""时尚策源地"等各种流量标签，使整个区域成为人气焦点，进而形成"地标街区"。

东京涩谷——"世界上人流量最大的路口"

涩谷车站前巨大的交叉路口被称为是"世界上人流量最大的路口"。路口建筑立面覆盖的巨大光电宣传板与不远处另一栋地标建筑媒体——"SHIBUYA 109"遥相呼应。每当人行道红色信号灯亮起，屏幕上会显示天气预报等信息，绿色信号灯亮起，则会播放本土动漫。周围色彩鲜明、错落有致的巨幅广告和各式店招招牌，浓厚的商业氛围渲染着整个街区，也因此涩谷经常作为东京的标志出现在电视、电影中（图9-1）。

图9-1　日本东京涩谷

重庆解放碑——营造会讲故事的商业空间

　　解放碑的改造通过统筹建筑立面、夜景照明、环境景观及户外媒体等视觉资源，梳理秩序、营造主题，让空间环境共同讲述故事。改造前，解放碑背景建筑的立面凌乱琐碎，户外广告密度过高、混乱无序。改造方案以斜向切割和横竖构成为主要构图手法进行规划设计，预留面对解放碑的矩形位置为户外广告位，命名为"城市之门"。设计团队以"解放碑蝶变"为主题，为城市之门设置对景联动动画。蝴蝶翅膀中承载着重庆之旅的"吃、住、行、游、购、娱"，讲述着爱上重庆、爱上解放碑的理由。"城市之门"助力解放碑蜕茧成蝶、展翼高飞，为重庆名片增添浓墨重彩的一笔。巨型对称广告画面营造的视觉冲击吸引了大量受众的聚焦参与，优化了空间体验，成为商圈营销的全新亮点（图9-2）。

图9-2　重庆市渝中区解放碑商圈总体提升

/地标建筑

　　高品质的广告媒体可以将一栋建筑、一个商圈甚至一个城市的知名度短期内大幅提升，地标建筑也正在成为城市提升知名度的重要途径。优秀的地标媒体承载着城市的地理地貌、历史文化、区域产业、人文风物等文化特征，是一个城市形象展示的有力名片。

　　在传播层面，"互联网+"时代的信息传播方式改变了公众对城市的了解和认知方式，地标媒体的出现为城市增添了标签与话题点。受众群体不仅覆盖线下人群，更是通过网络的二次传播、三次传播甚至N次传播，最终触达基数庞大的线上人群。

埃菲尔铁塔——向城市致敬

2009年7月14日，在埃菲尔铁塔建成120周年的庆典上，整个铁塔被高清视频投影赋予了新的生命——红白蓝的国旗色、灿烂的庆祝焰火，动态的影像为世人留下美好的记忆。铁塔作为这座城市的地理和文化双重制高点，当晚的投影内容通过铁塔辐射到整个巴黎。灯光、音乐、视频投影与城市地标构筑物的结合，呈现了一场精密绝伦的视觉盛宴（图9-3）。

图9-3　法国巴黎埃菲尔铁塔投影

重庆"亚洲之光"——网红新地标

被称为"亚洲之光"的高清LED巨屏，屏体总面积高达3788平方米，地处重庆观音桥商圈的中心位置，围绕苏宁易购大楼的两个相邻立面搭建而成。大跨度、高精度的屏幕保证了行人的视野时刻处于最佳观看区域，带给来往行人更具沉浸式的感官体验，使得城市夜间景观变得层次丰富，成为重庆观音桥商圈的新名片（图9-4）。

伦敦皮卡迪利广场——"定制化的广告大屏"

伦敦的地标建筑"皮卡迪利广场（Piccadilly Circus）"坐落在伦敦西区的心脏地带，升级之后的屏幕总面积高达783.5平方米，约为1100万像素，比4K还高1.4倍的分辨率使其成为欧洲最高清的广告屏。除此，它的智能化和人性化也为人津津乐道。广告屏幕内置的相机，可以分析路过车辆信息（如制造商、型号和颜色等），向车辆上的人们定向投放预置的广告。这

图9-4 重庆"亚洲之光"显示屏

块大屏还能分析出过往行人和车辆驾驶者的性别、年龄,进一步精细化广告投放的维度。随着手机和广告屏幕的飞速发展,定制化的广告投放或将会成为未来户外广告的发展趋势(图9-5)。

4K分辨率:分辨率为4096×2160的屏幕,即横向有4000个像素点。

图9-5　英国伦敦皮卡迪利广场LED显示屏

地标构筑物/

　　越来越多城市重视户外广告与雕塑、场景、公共艺术结合的重要性，拥有户外媒介属性的公共艺术，吸引了商业投资与运营，不仅节约了政府建造和维护的成本，还有效提升了公共空间价值，承担了大型公益活动、商业品牌发布等重要的宣传功能，以丰富的视觉形象，优化了城市空间的品质。

　　艺术与广告的界限逐渐变得模糊，一件成功的空间艺术品常常会带动周边建筑的知名度，成为地标构筑物。这得益于艺术和情感的注入、造型语言与材料场景的创新结合。户外媒体在保证信息传播功能的基础上，景观性、文化性、地标性也得以发展。

裸眼3D大屏——南京新地标

　　2016年正式开业的景枫KINGMO购物中心，用裸眼4D和AR增强现实技术，打造了一套沉浸式大屏互动系统。精神堡垒"QUEEN塔"塔身高28米，宽10米。塔身LED显示屏高18米，采用环绕式无边框设计，造型简练、极具庄重感。这块有着超大视角的室外表贴屏，其均匀一致、通透的播放效果，配合着"高定"的3D视频，使观者无论在哪个角度，都能感受到影院级的裸眼3D效果。QUEEN塔伫立于广场上，观者远近自由，其带给人的实际临场震撼感是图片和视频远远无法传达的（图9-6）。

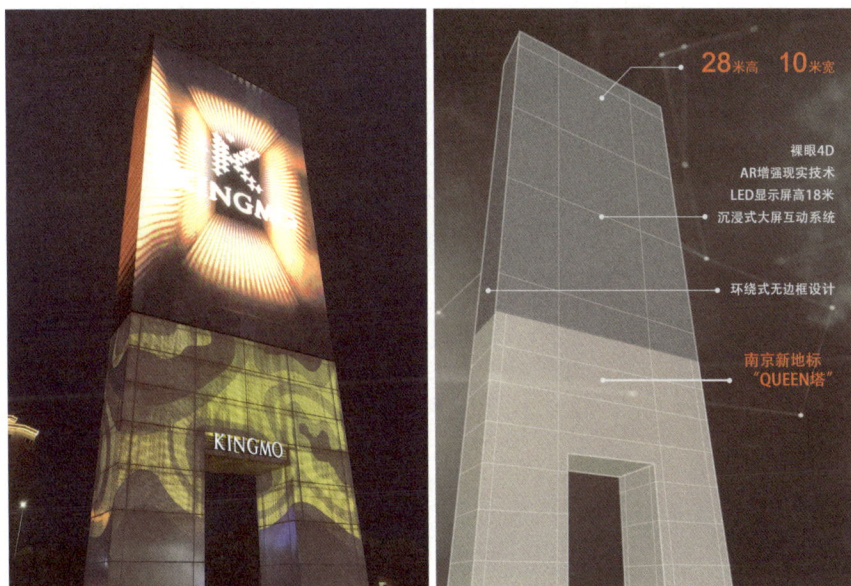

28米高 10米宽

裸眼4D
AR增强现实技术
LED显示屏高18米
沉浸式大屏互动系统

环绕式无边框设计

南京新地标
"QUEEN塔"

KINGMO

图9-6　南京景枫KINGMO裸眼4D互动大屏

古德伍德速度节——当赛车成为艺术雕塑

世界最负盛名、规模最大的赛车节——"古德伍德（Goodwood）速度节"，自1993年成立以来，每届都会推出一系列以各大汽车品牌为主题的公共艺术装置，成为速度节的地标构筑物。这些代表雕塑作为一种特殊形式的品牌广告，以大胆新颖的艺术语言结合独特的赛车典故，为整个速度节增添了视觉焦点、传播视点以及实体化的记忆点。英国的古德伍德小镇也因此成欧洲乃至世界范围内汽车文化的胜地（图9-7）。

"太湖风帆"——太湖新名片

苏州太湖的这张新名片坐落于苏州太湖园区的入口，造型大气简约，内置高清LED屏幕，偏心的设计手法加强了整个雕塑的方向感和指向性，波光粼粼的太湖水与雕塑主体中部水波纹的抽象符号相呼应，使广告形态语言与周围景观特征相互呼应，展现出太湖园区对来往旅客的热情欢迎，寄托着蓬勃发展、欣欣向荣的美好愿景（图9-8）。

图9-7　古德伍德速度节品牌广告雕塑

图9-8　苏州市太湖园区广告媒体"太湖风帆"

　　上述这些各式各样的广告媒体地标，为城市的内涵提供了新的注解，同时也不断更新着对一座城市形象的固有认知。地标媒体的稀缺性、话题性与生长性是其优势，也是政府管理的重点。所以，以开放的思维开发、以自律的标准运营是地标媒体健康发展的关键。

/融入性原则

　　广告招牌依托于城市而存在，与城市相生共荣。城市景观形态的构成要素之间应该是相互协调、井然有序的结构关系。广告招牌作为城市空间的附属，如果肆意侵入式地介入，不顾及城市原有空间结构及市民需求，对于城市而言就是"视觉污染"，低端混乱的城市形象也同样拉低了广告招牌的商业价值。

　　功能化、雕塑化、景观化的广告招牌融入城市空间是大势所趋，将广告招牌与城市景观同步巧妙创意、合理规划，才能使城市形象更加丰富多元、融洽和谐。优质的广告招牌已经成为城市发展的"动力因子"，是城市景观风貌提升的必要前提，是构建良好城市形象秩序的重要手段。

/广告招牌与建筑的融合

　　户外招牌的整治可以带动建筑的核心价值和附加值的提升，实现其社会效益和经济效益的双增长。广告招牌对建筑的低调融入将有利于丰富建筑的可读性，制造热点话题，扩大建筑的辐射范围、甚至激活所在区域。

一、尊重建筑　低调融入

　　建筑先于广告招牌存在，经过时间的沉淀与环境已然相对和谐稳定。而广告招牌作为现代商业的产物，更新换代的速度较快，所以后期植入时应注意与建筑和周围环境的和谐。

对于风格特征（如欧洲风格、地中海风格、中式风格等）较为明确的建筑而言，代表性结构构件（如柱廊、抬梁、拱券、飞檐、坡屋顶、斗拱等）是保留建筑特色的灵魂。广告招牌应当以"不破坏、不遮蔽、不替换"为原则，有意对其进行避让，低调地融入建筑。

南京天元路——优化升级

南京天元路沿街的户外招牌改造前的设置高度整齐划一，但缺少活力感和品质感。主要体现在两个方面：一是整条招牌像胶带一样贴在建筑表面，无法融入建筑结构。二是相邻招牌直接拼在一起，不同的颜色相互对撞，形成视觉冲突。其原因是招牌没有边界的约束和适当的留白。改造方案着重修补了这两点，使广告招牌更好地融入建筑之中（图10-1）。

图10-1　南京天元路招牌改造前与改造后

济南华典大厦——还原建筑

华典大厦坐落于山东省济南市，是典型的仿民国风格建筑，立面竖向承重结构墙的秩序感别具风格。但多被整包多层、高低参差的广告招牌所遮蔽。改造方案通过拆除整包的招牌，还原建筑立面的完整性。并对底层的户外招牌增设拱券门廊，统一规定了位置、尺寸和样式。对于二层及以上商家，还增设了与建筑风格统一的品牌墙（图10-2）。

图10-2　华典大厦广告招牌改造前与改造后

仪征工农路——回归秩序

　　此栋建筑坐落于江苏省仪征市，原立面被广告强势铺满，建筑的结构特征随之被遮挡，视觉混乱、信息复杂，还存在着安全隐患。改造方案还原了建筑顶端部分玻璃幕墙，对广告位进行了数量精简和位置调整，既保留了建筑结构的特征，又保障了每块广告的商业价值，整洁有序的广告排布大幅提升了整栋建筑品质（图10-3）。

图10-3　工农路广告招牌改造前与改造后

二、重构建筑　与时俱进

　　"一个时代有一个时代的印记"，不少建筑物因建造年份久远，设计理念、材质结构等都与当下新型可持续建筑略显脱节。针对立面样式陈旧、设置元素冗杂、改造成本较大的建筑，广告招牌可以作为一个全新的切入点，利用自身价值优势，引导建筑进行立面更新或重新设计。

在这样的模式下，广告招牌与建筑立面、夜景照明等内容统筹设计，彼此相互融入、相得益彰。前期建筑立面改造、夜景照明提升的投入，使得底商空间的品质大幅提升；后期户外广告运营、底商空间租赁带来的高回报，则可以反哺建筑立面改造、夜景照明提升的成本。

曼哈数码广场——视觉秩序盘活商业价值

曼哈数码广场在经历过"重构"之后，原本散乱的广告画面化零为整，主次分明，灵动几何线条对立面进行切割，视觉中心的折角广告增强了空间的层次感，流畅的线条象征运动的电流，亮蓝色则呼应电子数码的商业主题。改造后的曼哈数码广场成为新的人气聚集点、广告新热点、夜景新亮点，广告位的商业价值也随之陡增。曼哈广场立面与广告的更新，既为商圈提升了价值，也为业主带来了丰厚收入（图10-4）。

图10-4　曼哈数码广场媒体立面改造前后对比（一）

图10-4 曼哈数码广场媒体立面改造前后对比（二）

茂业百货——新材料重塑建筑立面

茂业百货原建筑纵横相错的立面结构被布局无序的广告招牌大幅遮挡，底层广告位过于密集，无形中削弱了彼此的广告价值。对比分析改造后的建筑立面，以成组几何线条的横向排列为主要设计语言，简约经典的几何元素更贴切建筑定位。通体采用节能灯具和建筑材料，最大限度地降低能源消耗和改造成本。大于500平方米的转角LED屏幕面向人流量最大的交叉路口，成为整个街区最佳展示平台和人气聚集点（图10-5）。

图10-5 茂业百货建筑改造前与改造后

广告招牌与景观的融合/

广告招牌与城市景观并非矛盾体，其融入景观环境是一个城市发展过程中重要的一环，只有将广告与环境的关系处理得当，才能避免出现乱象横生、野蛮生长、肆意侵入的乱象。要尽可能地让广告招牌自身成为整个城市色彩景观中不可分割的一部分，甚至是点睛之笔的艺术品和点缀色，实现广告招牌为城市景观服务的目的，形成和谐、舒适视觉的景观效果，促使广告招牌成为城市的重要标志，营造出与城市景观相适应的融洽氛围，实现广告招牌功能与价值的最大化。

一、融入景观

城市公共空间的景观担负着调和城市色彩、丰富空间层次、美化城市形象的责任。但目前大多城市广告招牌设计与景观的协调性存在着巨大的差异，主要表现为形式上的不和谐。不管是在选用颜色、材质方面还是形态的表现上都一定程度上与景观存在着视觉冲突。

广告招牌作为公共空间视觉语言的重要延展，应将当地的区域文化、建筑的功能结构、公共空间的定位属性、受众群体的多方诉求统筹考虑，力求将广告招牌自身商业理念与所在景观环境有效结合。这就要求广告招牌的造型语言在体量、比例、形态、材质、照明方式等各方面都应与周围景观环境相得益彰。

近年来，大型落地式户外广告的发展变化尤为突出，逐渐从"数量多、造型杂、点位乱"向"景观化、艺术化、系统化"发展。不仅在造型设计、色彩景观等方面突出展现城市特质，还综合考虑与周边绿化景观、公共设施的结合，使各种视觉元素和谐共存，真正实现了"盘活场景，融入城市"。

上海K11——体验在森林中购物

上海"K11 Select"购物艺术中心外立面镶嵌K11标志性金色圆点品牌标识，整个建筑的垂直立面以生态自然的"绿植幕墙"作为主要元素，将品牌内涵——"艺术·人文·自然"转化为艺术化的符号语言。森林、瀑布、水面等自然景观让购物成为一种多感观多维度的艺术体验，可谓传递优越的视觉美学品位，营造优质的购物娱乐环境，打造生态地标性建筑的典范。建筑内部和外部，数次穿插引用"立体绿化"的设计手法、将艺术欣赏、人文关怀和自然生态充分融合，将品牌广告与生态环境的营造共同开发，使品牌文化更具艺术表现力和亲和力（图10-6）。

图10-6　上海K11商业中心绿植幕墙（一）

图10-6　上海K11商业中心绿植幕墙（二）

品牌文化注入店招招牌

　　某护肤品牌主打在自然中追求和谐之美，无论产品包装还是门店的装修风格都以绿植和花卉作为主要元素。店面入口将白色的品牌LOGO镶嵌于绿色植物幕墙之中，室内配以当地特有植物和花卉装饰，传递出崇尚自然的品牌哲学。品牌展示墙与周围茂密的植物互为背景，互相衬托，使品牌广告与周围景观融为一体，寓情于景，情寓于形，在提升品牌形象的同时优化了原有的街区环境（图10-7）。

图10-7 某护肤品牌绿植景墙

二、优化景观

在充分考虑空间位置、区域属性、地域文化等问题的基础上，应大力开发新颖的宣传媒介载体，优化户外广告视觉体验，让户外广告在城市中起到美化点缀的作用，提升城市气质，优化城市景观。实现户外广告为城市景观服务的目的，形成较为和谐、舒适的视觉景观效果，实现户外广告功能与价值的最大化。

在国内一部分城市中，精品化、艺术化的景观式广告正在成为城市空间设计的新趋势，比如将景观绿雕与户外广告相互结合，一方面提高了城市景观的审美价值和艺术感染力，增强广告内容的传播度和接受度，另一方面也丰富了公共空间的生态环境。

例如，成都天府大道中分带上矗立的熊猫绿植，采用垂直绿化的形式将熊猫的憨态可掬形象展现给来往的成都市民及游客，不仅融合了周围景观，还拉近了民众与城市之间的距离；深圳改革开放40周年景观广告也摒弃了原有户外广告简单无趣的造型，将公益广告与景观小品通过场景化的故事联系起来，用故事、情景等连续性的叙述方式使户外广告与观者产生互动，再辅以夜景亮化等手段，真正实现优化景观的目的。

天府之国的熊猫文化

大熊猫的历史可谓源远流长，迄今所发现的最古老大熊猫化石约为800万年，而今大熊猫已然成为"活化石"。成都以熊猫文化为特色，采用公益广告与垂直绿化、景观小品、雕塑相结合的方式，恰当地融入到城市环境，起到了点睛之笔的景观视觉效果，向世界展现着成都乃至四川的历史文化，自然风情和人文精神（图10-8）。

图10-8　熊猫主题公益雕塑广告

深圳改革开放40周年公益主题宣传装置

为庆祝中国改革开放40周年，深圳市邀请设计团队对其进行主题性公益宣传设计，展现中国改革开放40周年的辉煌成就（图10-9）。项目位置位于深圳市城市中心轴线上，临近市政府，场地开阔，来往车流密集。最终设计团队以开放之都为概念总领，以初来深圳、努力工作、定居深圳、美满生活四个部分为主题进行整体展现，通过40组主题人物与开敞的绿化景观相融合，优化提升了原状绿化空间，展现了"来了就是深圳人"的城市包容精神，同时也凸显了改革开放以来的时代变迁与沧桑巨变。

图10-9　深圳建市40周年公益广告

　　户外广告是现代城市环境整体规划中的重要构成部分，加强户外广告的景观意识、构建和谐统一的居住环境、塑造个性化、艺术化、和谐化的户外广告是未来城市设计的发展趋势。在达到宣传目的同时，将户外广告与建筑结合、与绿化结合、与景观结合，优化改善城市生态链，使户外广告真正地融入环境、融入城市、融入生活。

长效性原则/

长效性原则要求政府部门以城市户外广告规划体系为基础，以市民居住环境、审美需求为源泉，以提升城市品质为目标，优化人居空间，以绣花之功将户外广告这一城市细节打造得更规范、更靓丽，扎实有序地推进各项户外广告规范管理工作。

[第一节]

明确管理主体/

户外广告涉及城市管理部门、自然资源与规划部门、市场监督部门等多部门的管理职责，若未明确管理主体，未形成协同合力，则容易出现政出多门、多头管理的局面。

明确管理主体是户外广告长效运行的先决条件。从监管层面，政府需明确具体的主管部门以及相关部门的责任和监管范围，避免工作重叠，保证效率最优；从运营层面，政府需明确权责主体，对各类户外广告的运营模式予以明确。

《深圳市户外广告管理办法》（以下简称《办法》）中明文规定，城市管理行政主管部门是户外广告设置的主管部门，组织相关部门编制户外广告设置指引和专项规划，负责全市户外广告的监督管理。规划国土、交通运输、公安、气象、财政等部门按照各自职能，做好有关户外广告管理工作。例如：交通运输部门负责对在城市交通轨道设施、公共交通车辆车身、公交站台上设置广告的管理。市委宣传部负责公益广告的发布管理。

《办法》对户外广告的运营环节明确规定：占用公共用地设置户外广告，必须通过公开拍卖方式获得广告设施设置权。占用非公共用地设置户外广告，须征得用地业主同意，经城市管理部门审批同意后设置。政府部门对非公共用地户外广告不收取费用。

株洲市2003年成立"城市户外广告资源管理处",隶属于城市管理和综合执法局,主要负责全市户外广告资源的开发利用及监管维护,以及相关政策法规的起草等工作。具体执法过程中,明确责任主体的同时加强部门协同,城市管理部门与消防、技术监督等部门开展联合执法,逐步增强管理的系统性。

招牌与户外广告应予以区别管理。相比户外广告,门店招牌量大面广、营利性低、变动频繁。如采用与户外广告相同的监管手段,会大幅增加行政成本。在明确责任主体为中小企业或个人时,对招牌可采取简化审批流程或免于审批、强调事后监管为主的管理手段。

广告招牌设置主体多样,包括政府部门、大型企业以及个体商家,监管难度较大。建议相关管理部门应加强日常监管,加大巡查力度,以"明规矩于前,寓严管于中,施重惩于后"作为监管要求,以"谁审批谁监管,谁设置谁负责"作为监管原则。

[第二节]

/注重安全管控

广告招牌的专项整治,既是群众关切的民心工程,也是各方关注的敏感工程。在城市的高耸建筑、繁华闹市和交通干线沿线,大大小小的广告招牌琳琅满目。各城市广告招牌数量庞大、种类各异、随着安装时间的增长和台风暴雨的侵袭,存在威胁城市运行的安全隐患。一旦因广告招牌发生安全事故,后果不堪设想。所以,对广告招牌的监管来说,安全是最根本的问题,相关管理部门应系统制定广告招牌安全管理制度。

对重点路段、门户节点、人流集中区域设置的大型户外广告、楼顶广告、跨街广告以及其他悬挂式广告等要重点排查;尤其对设置时间较长、体量较大、陈旧破损的广告招牌加大监管力度；对未经许可、违规设置、超期设置、陈旧破损等存在重大安全隐患以及严重影响市容市貌的广告设施应坚决依法拆除。

广告招牌的安全管控应具有系统性和长效性，由被动的应急响应转变为主动的规划调控。灾前预防是重要环节，防风险、除隐患、遏事故三个环节环环相扣，缺一不可。当城市面对突发事件时，真正做到事前有所准备、事初有效减轻、事中有力控制、事后迅速恢复。

一、隐患源头

1. 结构不规范。部分广告经营单位没有按照制作规程进行设计制作安装，工艺简单粗糙，在没有认真探明结构基础承载地质、所在建构筑物的承载能力、广告设施抗风能力等因素情况下草率进行制作安装，为广告设施和建筑本身埋下安全隐患。

2. 用材不合格。部分广告制作单位为了降低成本，在广告设施用材上采用型号偏小的型材，减少设施主体钢结构的用材数量，使得建成后的广告设施达不到基本的抗风、抗震标准，降低了广告设施的安全系数。

3. 维护不到位。广告业主经常无法按期对广告设施的支座结构、连接构件等进行检查维护，设施普遍存在主体老化、表面锈蚀的现象，随着使用时间的累积，结构受到气候条件变化、环境侵蚀等外界因素影响，极易导致结构损伤，焊点脱落等。

二、管治方向

1. 综合施策，及时发现消除隐患。进一步梳理辖区内各类广告招牌安全现状，明确每个设施的监管责任。同时突出监管重点，对商业街区及人流密集区域的楼顶、墙面广告设施和沿街店招招牌重点管控，采取必要的技术手段，强化安全科技防控。

2．源头治理，确保风险降至最低。坚决拆除未经许可擅自设置的违法广告招牌。审批制度严格化，落实大中型户外广告设施工程建设许可制度，强化建设过程的审核把关。

3．加强值守，认真落实长效管理。摸清底数，建立台账，落实举措，同时建立健全信息共享和情况通报工作机制，不断完善户外广告设施的安全监管体制，提升监管能力和水平。

4．宣传引导，注重营造浓厚氛围。相关工作人员要与企业、私人广告主、商店店主等利益主体广泛沟通，宣传安全法规，告知安全事项，进行必要安全提示，并定期开展安全管理培训、组织应急演练等。

5．持续深入，开展全面系统督查。城市管理部门要将安全巡查作为一项常态化的日常工作，推进落实安全主体责任和监管责任。坚持问题导向，澄清模糊认识，牢固树立"安全压倒一切"的责任感，将压力传至每个执法队员。

株洲

由于株洲市属于亚热带季风性湿润气候，潮湿多雨，在这种气候条件下，户外广告设施极易出现主体老化、表面锈蚀、结构损伤等问题。尤其夏季，天气炎热，雷电、暴雨等季节性不安全因素增多，是安全事故多发、易发期，因此对户外广告设施的防雷系统也提出了更高要求。株洲市政府于2018年颁布了《株洲市户外广告设施设置技术规范》，其中对安全方面进行了详细规定，强化户外广告安全生产底线意识和红线意识。具体开展路径主要包括四个方面：

一是严格落实安全责任制，按照"谁建设谁负责安全"的原则，株洲市户外广告资源管理处与广告经营企业签订安全责任协议，明确安全责任。

二是加强安全生产检查督办，成立专门的安全巡查工作队伍，全天候开展巡查，发现问题，及时督办整改，做到日督办日清零。

三是加强行业自治监管，成立"株洲市城市户外广告行业协会"，定期对广告设施开展自查与维护，每个季度向市户外广告资源管理处报送安全检查报告。

四是建立专家评审制度，从消防、住房建设、技术监督、交警、高校等部门，聘请行业专家，组建评审专家团队。定期组织专家对新增的户外广告设施进行评审，确保符合规范和安全要求。

厦门

地处我国东南沿海的厦门，有着蜿蜒曲折的海岸线，经济活动密集，台风等极端天气频繁。而城市中诸多户外广告设施体量巨大，分布广泛，极易诱发安全事故。为提高应对极端天气的应急反应和处置能力，保证抢险救灾工作高效有序运行，厦门市政府采取了一系列针对户外广告设施安全管理工作的防控措施。

一、现场制止，责令限期整修或拆除。当场签发《责令改正通知书》或《责令停止违法建设行为通知书》。

二、固化证据。现场拍照、摄像取证，制作现场勘验笔录、安全监督检查笔录，详细记录违法对象的地点、规模、材料、审批情况等事实。

三、组织拆除。一是设置逾期拒不整改或拆除的，城市管理执法部门在固化证据的情况下，履行内部审批程序后，立即组织拆除。二是符合代履行的，依据代履行程序实施拆除。

与此同时，明确防控的重点为海边、建筑物顶部或空旷地等风力较强位置的广告设施。当台风来临之际，按影响的严重程度和范围，将应急响应分为四个等级，根据实时情况，分级采取措施，可随时提高或降低响应级别。同时，实行差异化应急处置，分区域分时段分级别启动应急响应。

人民生命及财产安全是高于一切的，安全管控是广告招牌规划与管理的前提。相关管理部门应系统制定相应的安全技术标准和应急措施，形成安全隐患预防和排查的长效机制。

/搭建智慧平台

广告招牌行业的发展不能只追求经济层面的平面扩张，更要考虑转型升级，要融入智慧城市的建设中去。一套合理的、系统的广告招牌规划根植于海量基础街道数据的整理核算，因而在真正地实施管理中，数字化信息平台至关重要。它不仅能够大幅减少人工工作量，提升数据的准确性和延展性，还能准确地发现常规的规划设计容易忽视的各类死角问题，避免各种隐患。

就管理运营而言，应当尽早完善城市综合巡检监管平台，将户外广告及户外招牌的点位信息、分类信息、原始照片、规划方案、建成照片、设置参数等基础数据纳入平台，以信息化的手段优化管理服务流程。通过健全法规、系统规划、整合实施、市场运作、数字管理等综合手段，建立广告招牌的长效管理机制，满足不同级别的管理人员、各相关部门及社会服务对象的多重需求，持续发挥"互联网+城管"的智慧效能，积极推进现代科技在广告招牌设施监管中的运用，提升日常监管的科技效能。

城市综合巡检监管平台是以信息化为支撑的监督管理体系，其主要内容可分为两部分，一是建设与广告招牌相关的"信息数据库"，发挥其在整治提升工作中的辅助作用；二是构建"综合管理平台"，提升广告招牌的日常管理效能。具体内容构架如下：

一、信息数据库（图11-1）

（1）核心业务数据库

包含广告招牌的基础台账数据库、针对拍卖管理的数据库、申报审批流程及结果数据库、巡查监管过程数据库、户外广告规划管理数据库、广告发布内容管理数据库、产权单位管理数据库及系统配置数据库。

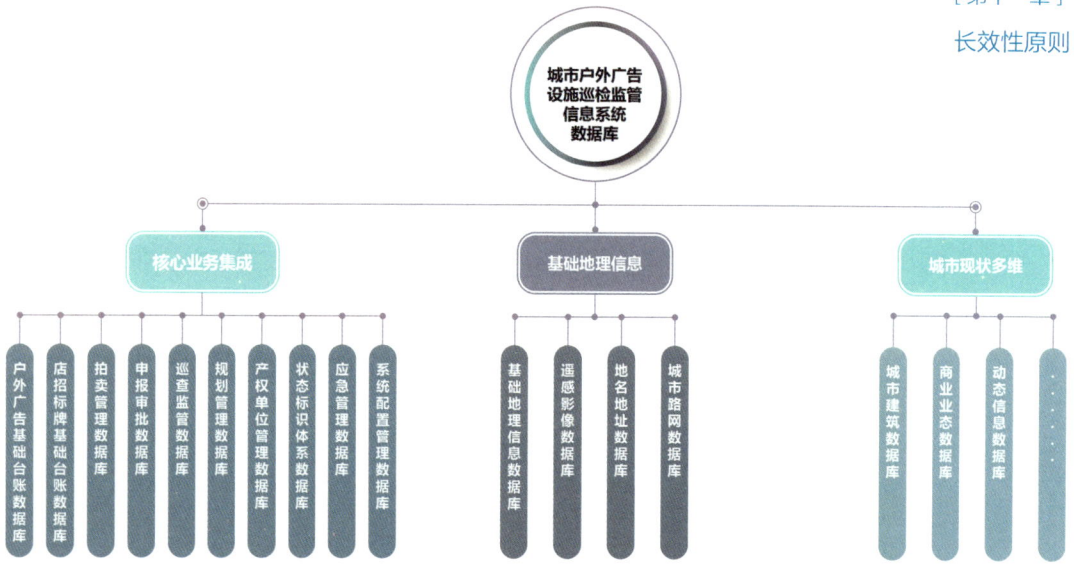

图11-1 城市户外广告设施巡检监管信息系统数据库

（2）基础地理信息数据库

对广告招牌的基础地理位置采用统一坐标体系进行管理，结合地图展示，并按照标准地名地址规则进行位置描述，便于按照道路名称、地理位置等信息进行精细检索。

（3）城市现状多维数据库

纳入城市建筑、商业数据、车流量、人流量等数据，对户外广告规划提供基础性大数据支撑。

二、综合管理平台（图11-2）

广告招牌审批完成后（图11-3），需要对现场进度进行跟踪管理。在广告公司完成现场改造施工后，将现场情况拍照上传至系统，系统接收到申请后将发送至现场巡查人员，进行现场审批报备资料与实景的测量对比，确认报备资料与实景效果相符后进行现场确认，至此完成改造跟踪环节（图11-4）。

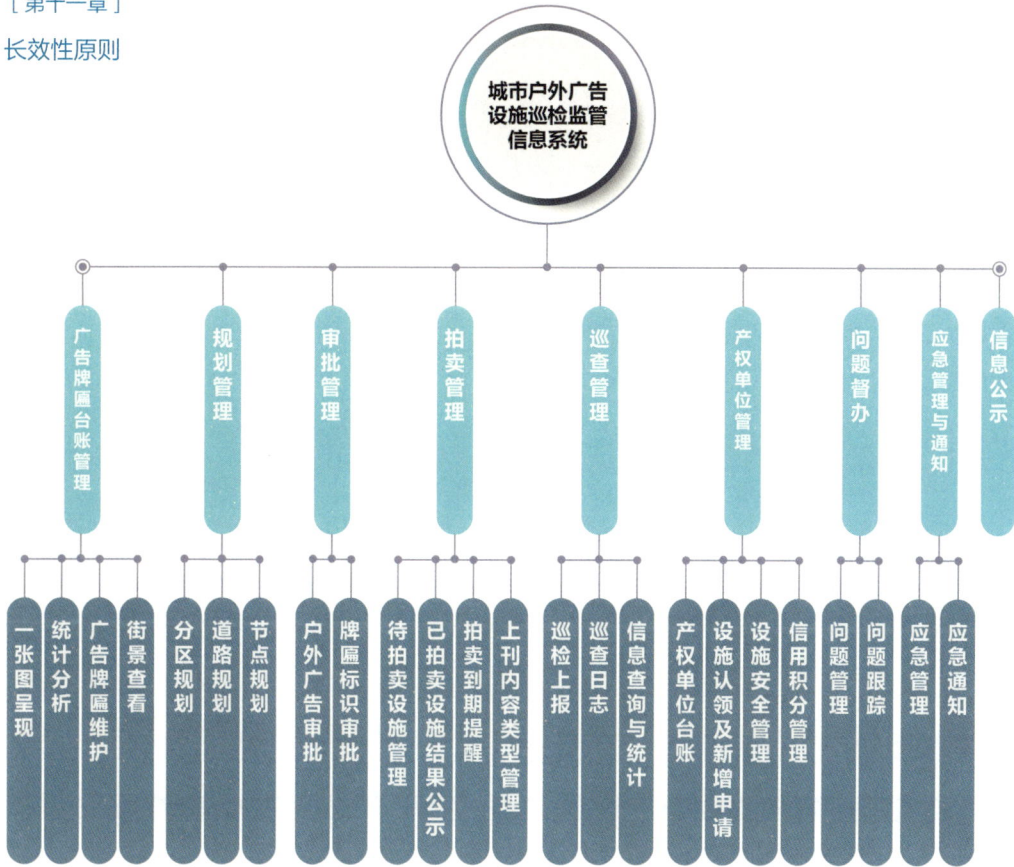

图11-2　城市户外广告设施巡检监管信息系统平台

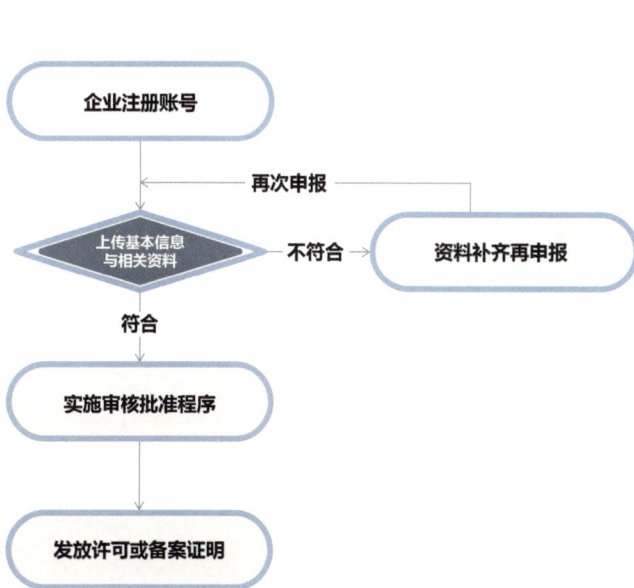

图11-3　户外广告设置许可审批流程

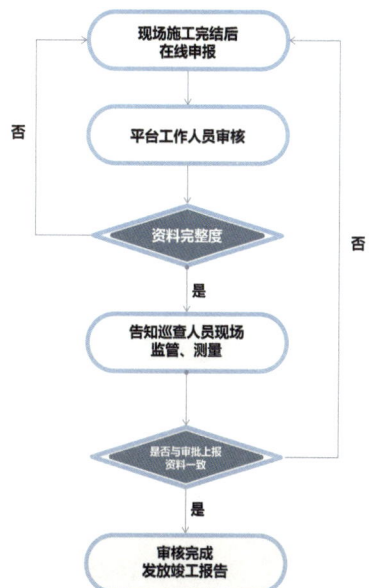

图11-4　改造施工完成后在线申报流程

苏州——城市户外广告设施巡检监管信息系统

2018年6月，户外广告设施整治提升行动在苏州全市范围内全面开展，以实现"更干净、更有序、更安全"为总目标，大力规范整治户外广告设施设置方面存在的突出问题，打造户外广告亮点工程，切实提升城市市容环境面貌。工作重点放在重塑"清朗、整洁、与苏州历史文化名城地位相称"的城市空间环境，提高城市品质和竞争力，努力实现户外广告管理的规范化、精细化、长效化。

苏州市在此次整治提升行动中，对现状问题加强整治，创新管理方式，建立了基于"大数据"基础的户外广告设施巡检监管信息系统，运用信息化、智能化的手段进行监管、审批及日常监督考核，形成了一套高效快捷、安全精准的户外广告监督管理体系（图11-5）。

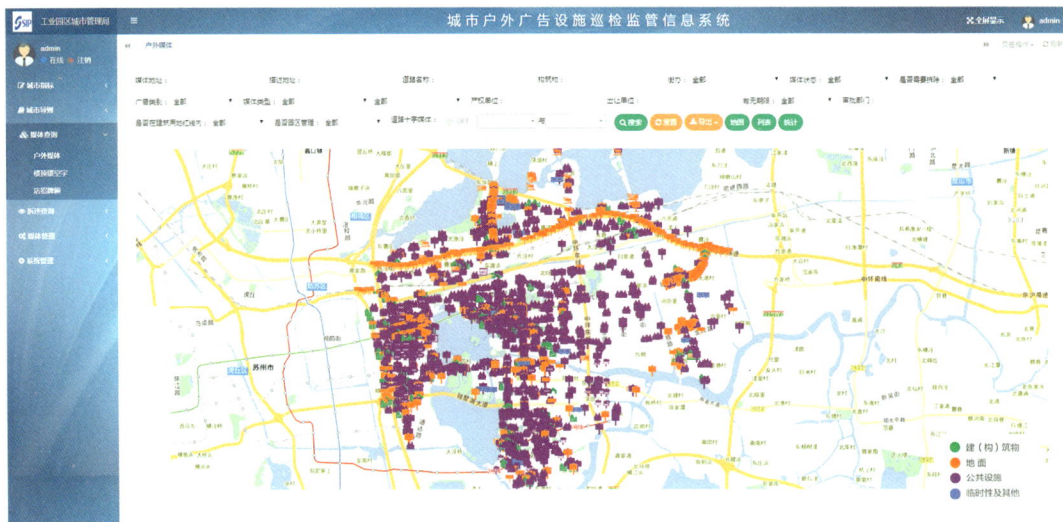

图11-5　苏州市户外广告设施巡检监管信息系统界面

/倡导共同缔造

一、共建共治共享

　　广告招牌的规划管理是一项涉及不同政府部门（城市建设、市容管理、社会经济等）、不同社会群体（政府管理部门、广告从业者、普通市民等）的综合课题。我们要调动一切社会力量，探索出一种最优的符合行业需求和未来社会发展的城市治理模式。首先，推进社会治理体制创新等领域的立法，加大法规执行力度和监督体制，为落实共享发展理念提供法治保障；其次，完善"政府主导、市场引导、社会参与"的运行模式，培育社会力量踊跃参与；再次，加强街道公共服务职能建设，完善动力机制，形成工作合力。

　　政府部门、行业协会、个体商户和市民应该共同参与广告招牌的建设与治理，真正承担起各自的权责并发挥作用，使政府治理、行业调节、居民自治三大机制协调起来。

二、三方责任与义务

　　户外广告行业是一个政策风险和社会风险都较高的行业。在我国户外广告法律法规逐步完善的过程中，行业协会可以发挥引导作用，提高从业者的综合素质，有效规避风险，及时化解问题。

　　广告招牌还与市民生活息息相关。整洁有序的广告招牌不仅为市民生活提供便利，还是构成和谐街面秩序的重要条件。每一位市民应踊跃参与到广告招牌的监管活动中来，对违法违规设置或有安全隐患的广告招牌及时举报。

上海华夏社区"协商式"管理模式

上海浦东新区的华夏社区面积约6.3平方公里，人口约6万人，属于城郊结合型社区。社区的"协商式管理平台"，以社区委员会为依托，引导多方力量共同参与，不断强化社区的协商共治，积极构建出具有现实指导意义的社区治理新模式。

首先，在行政区层面，通过社区代表大会选举成立"社区委员会"，由15位政府代表、社区内单位代表、社区内精英和居民代表等共同组成，主要负责整合社区内各项资源，推进社区建设。其次，在社区层面，由当地城市管理部门、工商部门、公安部门等监管部门组成"联席会"，负责协调管理涉及居民生活的各类具体问题。再次，在居委会层面，成立非常设机构的"居民议事会"，以包含广告招牌设置规划、管理、拆除在内的各类议题为导向，不定期召开，由居委会出面组织利益相关单位或个人，进行协商议事，会后对结果进行公示。

这种"协商式"管理模式，保障了社区居民的知情权、建议权、评议权和决策权，使民意得到充分及时的表达，对发展基层民主，推动社区自治，促进城市和谐稳定发挥着明显作用。

郑州"路长制"管理模式

郑州市在全市范围内推行"路长制"的管理模式，制定并颁布了具体工作导则。"路长制"意为每条路设立责任路长，依据职责要求，对市政设施、城市家具、街面秩序、广告招牌等工作进行检查、督导和落实。

症结所在，施治所向。郑州市近万条不同级别的道路被划分为若干条责任路段，先试点"试水"，再全面覆盖，努力完成一次城市"美化、净化、亮化、绿化、文化"的蜕变。每天"路长"的身影都活跃在市内的大街小巷，他们和广大市民一起，用尽职尽责的行动为城市除旧布新。

郑州市"路长制"工作全面铺开后，以广告招牌为切入点，狠抓运营体制改革、监管制度创新、保障配置维护等方面，走出了一条符合郑州实际、具有郑州特色的广告招牌精细化管理的路子，打造了人人参与、齐抓共管的工作新模式。

"倡导共同缔造"的内涵包括：尊重市民对城市发展决策的知情权、参与权和监督权，鼓励企业和市民通过多种方式参与城市建设和管理，真正实现城市共建共治共享。社区作为政府和群众之间的重要纽带，应着力发挥其基本管理单元的凝聚作用。一些过去需要政府大量投入、强力推动的工作转变为群众自己的事。共同治理模式推行得越广，人民群众对社会秩序、城市管理的参与程度越高，社会治理的根基就越牢固。

第三部分

户外广告和户外招牌代表城市案例

目前我国广告招牌的管理水平不断提高，我们从不同级别的城市中选取深圳市、宁波市和如皋市作为代表，通过梳理与分析其机制建设、法规制定、规划编制、实施引导、安全管控等工作成果，供各地进行对标参照与借鉴学习。

［第十二章］

深圳市/

近年来，深圳市按照"合法化、品质化、减量化"的管控目标，优化广告招牌布局、注重视觉品质提升、从严控制增量区间，不断规范广告招牌的设置管理。

2019年，深圳市带头引领各行政辖区，针对户外广告设置现状开展全面调研。按照城市总体规划确定的空间布局、区域特征、用地功能、资源利用、景观风貌保护等方面的要求，划定户外广告控制分区，确定户外广告的空间布局，分区域、路段、节点从户外广告设置位置、设置形式、技术规格及景观、安全要求等方面，对户外广告设置定位及修订提出控制引导要求，从而促进全市户外广告设置品质的全面提升。

［第一节］

构建完善管理体系/

深圳市坚持"规划先行"的管控原则，不断制定和完善广告招牌行业的法律法规，致力于从源头管控广告招牌的乱象，形成了以下四个层次的管理体系。

一、制定完善法律法规。2013年深圳市制定了《深圳市户外广告管理办法》，并于2018年进行修订。

二、编制完善设置规划。2014年将福田区作为试点，推进户外广告设置规划编制工作，2016年编制完成。2016年和2017年分别编制了《深圳市户外LED显示屏设置专项规划控制指引》和《深圳市立柱广告设施设置专项规划控制指引》两项专项控制规划。2019年在全市全面推动户外广告设置规划编制工作。

三、编制相关技术规范。深圳市先后编制《深圳市户外广告设置指引》《深圳市店面招牌设置规范（2018～2023）》《深圳市建筑楼宇标识设置指引》。

四、制定完善相关管理政策。为加强户外广告安全管理，印发户外广告安全监管工作指引（试行）等文件。

[第二节]

/不断提升设置品质

一、大力推动户外广告设置规划编制工作，以规划为引领，保障户外广告设置科学性。2014年12月，深圳市以福田区为试点，启动编制户外广告设置详细规划工作。现福田区已编制完成户外广告设置详细规划，并对照规划开展审批，取得良好成效。2019年深圳市各区已全面启动并加快推进户外广告设置规划编制工作，计划于2020年内完成全区控制性规划和主要道路及重要景观节点详细规划（图12-1）。

二、推行建筑外立面、灯光景观和户外广告三位一体整体改造提升，整体提升市容景观。2016年，深圳市对福田区华强北商业街建筑外立面、灯光景观和户外广告进行整体改造提升，其效果明显优于单方面整治户外广告。目前正在全市进行推广这种做法。

三、制定店面招牌设置指引。通过展示优秀案例，从正面引导商

图12-1　深圳市城区户外广告规划编制示例

家提升品质意识，通过制定负面清单，明确不能设置情形，避免低劣招牌产生。

［第三节］

全面加强安全监管／

由于深圳市地理位置和气候条件的特殊性，经常遭遇台风和暴雨等极端天气的侵袭。深圳市政府将人民群众的生命和财产安全置于首位，高度重视户外广告安全管理工作，采取全面措施，最大限度地防患于未然，将由于广告招牌造成的安全事故发生率降到最低。为此，政府推行了一系列安全防控措施：

1. 要求设置单位签订安全承诺书；
2. 要求对申请续延审批的大型户外广告进行安全监测；
3. 组织召开安全生产会议；
4. 开展安全管理培训；
5. 组织开展重点抽查和全面巡查；
6. 组织开展户外广告应急演练。

除此之外，深圳市还将陆续开展试点道路和区域户外广告的整治提升，有重点、分层次地逐步将城市形象进行全面升级。并建立长效机制，整合发动社会各方群体的力量，共同将城市建造成国际一流的宜居幸福之城。

/宁波市

/理顺管理职责

一、城市管理部门： 负责综合协调、行政许可、监督管理；编制（修编）户外广告设施设置专项规划。

二、规划部门： 负责建设工程规划许可和协助监督管理；编制（修编）户外广告设施设置指引，作为编制分区设置规划和详细规划的依据。

三、市场监管部门： 广告发布内容的监督管理。

四、交通部门： 高速公路用地及公路建筑控制区内户外广告设施设置监督管理。

五、市文明办： 协调组织户外公益广告的发布和管理。

/建立长效机制

一、规划引领——夯实户外广告设施管理基础

宁波市规划局牵头编制《宁波市户外广告设施设置指引》，作为户外广告设置详细规划编制依据。同步开展《宁波市店面招牌、场地指示牌与楼宇标识设置指引》《宁波市户外广告画面色彩控制性规划》编制，以及宁波市《户外广告设施设置规范》修订。

二、规划落地——助推城市市容环境品质提升

（一）健全审批运行机制

1. 固定大型户外广告设施审批：按照"一窗受理、并联审批、内部流转"的原则，由城市管理部门统一受理、统一许可，规划部门全程参与并提出审查意见。

2. 临时性大型户外广告设施审批：不得占用、破坏道路（人行道）和绿地等公共设施，直接向属地城市管理部门办理行政许可。

3. 新建、改建、扩建建筑物广告设施审批：按照同时规划、同时设计、同时建设的"三同时"原则，设计方案纳入建设工程设计方案，经规划部门批准后，向城市管理部门申请行政许可。

4. 不需要审批的广告设施：地下空间、轨道交通站点、车站、码头、机场候机楼等内部空间设置的；商业广场、专业市场以及住宅小区等相对封闭区域设置的。

（二）严控广告设施外观品质

编制《宁波市户外广告设施外观指导手册》，对广告企业从广告设施效果图绘制到广告设施落地进行全过程指导把关，实现广告设施与建筑相融合，提升广告设施设置专业水准和外观品质（图13-1）。

图13-1　设置导则示例

（三）事后监管——全力营造公平公正市场秩序

1. 加强行业监管制度建设：建立事后监管"属地负责、市级督查"机制，制定考核办法，建立市对各区户外广告日常审批和监管履责情况考核制度，进一步强化日常监管属地主体责任。

2. 实施市对区户外广告长效管理考核：建立第三方巡查机制，做到六个建成区每月一次覆盖，发现违法广告及时抄告各区处置，对影响大的违法广告设施实行挂牌督办，考核情况每两月通报一次。

（四）安全监管——全力保障城市公共空间安全

1. 实行验收和年检制度：设置单位自行对经许可后大型户外广告设施进行验收，验收后五日内向属地城市管理部门报送多角度实景图、有资质检测机构出具的安全检测报告等相关验收资料。对大型户外广告设施进行每年一次安全检测，向属地城市管理部门提交检测报告。

2. 依法履行监督检查：市级部门将安全管理纳入长效管理考核范围，由各区每年招标委托专业检测机构，对已批广告设施抽样检测；草拟《宁波市户外广告设施安全管理暂行规定》。

（五）宏观导向——全力推进行业平稳有序发展

1. 严格执行规划，提升广告价值：严格执行广告规划，凡是未纳入规划的，一律不予审批；鼓励广告设施表现形式创新，提升企业软实力；严厉打击违法广告设置行为。

2. 开展指导培训，营造公平竞争环境：加强业务指导、定期开展培训、公开政策法规。

2019年6月，住房和城乡建设部在全国范围内遴选9个城市作为规范城市户外广告设施管理试点城市。如皋作为唯一的县级市入选，扎实推进试点工作，逐步实现户外广告设施管理的科学化、精细化、智能化。

[第一节]

明确一个管理体制/

出台《如皋市户外广告设施和店招标牌设置管理办法》，明确城市管理部门在城区户外广告监管过程中的主体地位，所有户外广告由城市管理部门统一许可、规范设置、强化监管，其他职能部门不得利用资源优势设置和发布广告，理顺了户外广告管理职责，从源头上解决了政出多门、主体多元的设置乱象。对需要多个部门联合审批的广告设施，建立了户外广告设施设置联席会议制度，由市城市综合管理委员会办公室牵头，城市管理、市场监督、交通、住房和城乡建设、行政审批、物价、公安部门及通信运营商等单位参加进行协调解决。

[第二节]

编制两项标准/

一、《户外广告设施专项规划》《楼宇店招标牌设置导则》

对照现行户外广告管理要求，规定设置原则、标准、要求，明确提出禁设项目，对户外广告的材质要求、技术规范进行细化。针对市域范围内楼宇标识凸出天际线、设置尺寸过大、一楼多名等现状问题，编制城区主次干道及新建楼宇店招标牌设置导则，并预先做好公益性的广告设施的布局，实现从店招无序向有章可循的转变。

二、街景视觉一体化设计

对不符合要求的如大型高立柱广告、电子显示屏，灯杆旗广告等内容进行调整删减，对建筑立面、店招标牌、城市品牌、城市家具、色彩系统进行视觉一体化设计，联合商家共同打造特色街区，做到"一街一风格""一楼一标准""一牌一特色"。

/开展三轮整治

2013～2015年，结合城市系列创建，重点对主城区高立柱广告和楼顶广告进行整治。

2016～2019年，重点开展绿化带、落地广告、墙面广告的整治，全面清理品质较低的户外广告设施。

2019年起，出台户外广告三年整治计划，定位户外广告设施设置管理的逐步精细化、精致化、长效化。

/突出四大创新举措

一、搭建互融共通新平台

2016年，如皋市率先完成户外广告服务监管平台建设；

2017年，户外广告服务监管平台通过住房和城乡建设部产品行业标准《城市户外广告巡检监管信息系统》编制组评审；

2018年，如皋市城市管理部门被住房和城乡建设部认定为国家产品行业标准起草单位；

目前，如皋市智慧城管户外广告巡查监管平台新增接入公安视频摄像头2400余个，与其他城市管理部门基本实现信息共享、互融共通，对辖区内的户外广告设置情况进行动态跟踪管理，做到"早发现，早处理"，有效放大"互联网+城管"的智慧管理效能（图14-1、图14-2）。

图14-1 国家认定证书

图14-2 如皋市户外广告服务监管平台界面

二、推行线上审批新模式

2017年，依托如皋市户外广告巡查监管平台，店招标牌备案由窗口备案升级为网上备案，真正实现了由"人跑"变成"数据跑"。同时，平台的技术升级也实现了主管部门从前置审批到事中事后监管的全流程管控。

三、打造安全监管全链条

1. 各环节明确设计、施工安全资质要求和安全管理责任。

2．与各商家签订户外广告安全管理责任状，每季度随机抽查。

3．聘请有资质的第三方逐一检查，出具检测报告，制定个性化安全监管方案。

4．台风、雨雪等极端恶劣天气期间，及时向商家群发提示短信，压实网格化巡查责任，消除潜在安全隐患。

四、构筑多元共治新格局

1．依托"六员进社区（宣传员、工勤员、协管员、调解员、信息员、督导员）"，动员全社会参与城市管理。

2．进店入户广泛开展宣传，发放《致户外广告及店招标牌设施设置、经营、使用者的公开信》及户外广告试点宣传手册等。

3．进一步扩大声频报网阵地的宣传力度，开发"城管开放日"活动、"热心城管好市民"评选、"市民通APP"等，充分调动全民群策群力，使老百姓更多地参与到城市治理和服务中来，增进广大市民群众的获得感、幸福感和安全感。

通过拆除大型楼顶户外广告及高立柱广告设施，城市天际线得到净化、楼顶安全隐患得到消除；通过淘汰劣质灯箱布广告，城市品位得到展现、营商环境得到改善。如皋市以绣花之功将广告招牌这一城市细节打造得更规范、更靓丽，为其他县级市规范城市户外广告设施管理提供可借鉴、可复制样本。

附录 /

第五章　前瞻性原则 第二节　吸收行业迭代 成果 图5-5 上海外滩跨年无人机表演		
第六章　文化性原则 第二节　展示文化底蕴 图6-5 苏州·姑苏区三香路与阊 胥路《姑苏之门》		
第六章　文化性原则 第二节　展示文化底蕴 图6-6 苏州·观前街商圈		
第六章　文化性原则 第三节　凝聚文化共识 图6-13 治愈之树疫情数据广告 画面		

第七章　整体性原则 第一节　塑造活力中心 图7-3 华强北商业区户外广告媒 体规划		
第八章　多元性原则 第二节　材料多元 图8-11 马来西亚吉隆坡波浪屏		
第八章　多元性原则 第二节　材料多元 图8-12 深圳福田区华强北商圈光 电玻璃屏		
第八章　多元性原则 第三节　功能多元 图8-13 西安市高新区智慧公交站		
第九章　地标性原则 第一节　地标街区 图9-2 重庆市渝中区解放碑商圈 总体提升		

第九章　地标性原则 第二节　地标建筑 图9-4 重庆"亚洲之光"显示屏		
《城市户外广告设施技术标准（征求意见稿）》		
《城市市容市貌干净整洁有序安全标准（试行）》		
《成都市户外广告位使用权拍卖管理办法》		
《郑州市户外招牌设置技术规范》		
《苏州市户外广告和店招标牌设施设置技术规定（试行）》		

参考文献 /

［1］ 住房和城乡建设部在9市试点规范城市户外广告设施管理［J］. 建筑技术开发, 2019,
　　　46（14）: 62.

［2］ 崔建远. 准物权研究［M］. 北京: 法律出版社, 2003.

［3］ 黄双蓉. 财经法规与会计职业道德［M］. 北京: 经济科学出版社, 2014.

［4］ ［美］凯文·林奇. 城市的印象［M］. 北京: 中国建筑工业出版社. 1990.

［5］ 王国平. 城市怎么办（第1卷）［M］. 北京: 人民出版社. 2010.

［6］ 谢大伟. 浅谈户外广告在微观城市天际线构建中的应用［C］. 中国城市规划学会、杭州
　　　市人民政府. 共享与品质──2018中国城市规划年会论文集（14规划实施与管理）. 中
　　　国城市规划学会、杭州市人民政府: 中国城市规划学会, 2018: 386-394.

［7］ 林凯旋, 陆月圆, 王凯. 共性秩序与个性交融: 浅议城市街道店招的设计与管理逻辑
　　　［C］. 中国城市规划学会、重庆市人民政府. 活力城乡 美好人居──2019中国城市规
　　　划年会论文集（02城市更新）. 2019, 1348─1359.

［8］ 夏琳. 中国广告产业发展问题研究［D］. 武汉大学, 2017.

［9］ 徐剑、沈郊. 城市形象的媒体识别──中国城市形象发展40年［M］. 江苏: 江苏教育
　　　出版社. 2013.

［10］王嘉言. 给天空做"减法", 让城市更美［N］. 苏州日报, 2019-08-27（A05）.

［11］林伟. 城市治理须顺应群众需求而变［N］. 广西日报, 2019-08-16（007）.

［12］陈永弟. 城市治理再升级［N］. 江淮时报, 2019-08-02（006）.

［13］李洪兴. 让城市管理像绣花一样精细［N］. 人民日报, 2019-07-24（004）.

［14］郝倩. 路长制把城市管理落实到"最后一米"［N］. 济南日报, 2019-10-15（A05）.

［15］王伟. 补城市管理短板, 建人本共享城市［N］. 中国城市报, 2018-12-10（017）.

［16］汪昌莲. 规范户外广告 基础立法先行［N］. 中国商报, 2019-07-12（P02）.

［17］石义花, 许平. 提升监管效能, 激发市场活力［N］. 中国工商报, 2018-10-23
　　　（007）.

［18］苑广阔. 城市管理应该远离"洁癖"［N］. 人民政协报, 2019-08-12（006）.

［19］秦向阳. 提升城市精细化管理水平要从四个方面着力［N］. 张家界日报, 2019-01-08
　　　（006）.

［20］丁大恒. 日本城市精细化管理的启示［N］. 联合时报，2019-04-02（007）.

［21］面对疫情，户外广告的担当与应对［J］. 中国广告，2020（Z1）：33-35.

［22］裘东明. 释放户外广告的创造力［J］. 中国广告，2019（09）：69.

［23］周勇，洪玲笑，黄嘉骅. 杭州市环城西路街区立面综合整治实践［J］. 浙江建筑，2019，36（04）：19-21+27.

［24］朱军，陈敬良，宗利永. 户外广告信息属性对消费者购买意愿的影响研究［J］. 预测，2019，38（04）：32-38.

［25］戴维，白长虹. 价值感知及广告互动对网络广告效果的影响——一项基于消费者认知视角的研究［J］. 中大管理研究，2012（03）.

［26］陈岩. 中国广告产业发展趋势分析［J］. 中国市场监管研究，2019（07）：45-47.

［27］马海韵. "共建共治共享社会治理格局"的理论内涵［J］. 北京交通大学学报（社会科学版），2018，17（04）：137-145.

［28］谢加封，谢海涛，汪浩. 城市户外广告监管与市民权益保护［J］. 城市问题，2014（10）.

［29］张铭珊. 城市户外广告的新特征和发展趋势［J］. 青年记者，2017（06）.

［30］杨玉江. 城市户外广告规划设计与留白设计的研究［J］. 中国包装，2018（01）.

［31］吕雅欣. 数字技术下广告形式的革新［J］. 今传媒，2019，27（07）：26-27.

［32］寇俊. 广告媒介的发展趋势：场景化营销［J］. 新媒体研究，2018（09）.

［33］钱程. 大都市户外广告管理与景观维护——以日本东京为例［J］. 上海城市管理，2014，23（01）：57-60.

［34］数字化造就户外传播新模式 户外生活圈成为品牌传播的有效路径［J］. 声屏世界·广告人，2019（06）：80.

［35］周斌. 户外媒体的数字化2019［J］. 中国广告，2019（05）：79-82.

［36］王冉. 不是所有户外媒体都有价值［J］. 商界（评论），2008（04）：42-43.

［37］刘星河. 从城市传播看户外广告的责任强化与创新升级［J］. 中国广告，2019（04）：85-87.

［38］方思远. 新媒体户外广告的互动性创意探究［J］. 电视指南，2017（07）：112.

［39］张艳. 人工智能技术助力下的户外广告传播变革［J］. 青年记者，2019（18）：78-79.

［40］上海户外广告繁荣中求秩序［J］. 中国广告，2001（02）.

［41］赵抗卫. 户外广告：一种边缘的媒体生存状态［J］. 中国广告. 2007（07）.

［42］杨宇时. 资本注入下的户外广告增长态势［J］. 广告人. 2007（02）.

［43］陆姗姗. 现代城市公共艺术问题解析及其对策［J］. 美与时代（城市版），2019（06）：62-63.

［44］董英俊. 城市夜景亮化过程中的光污染问题及防治策略——以上海陆家嘴地区为例［J］. 北京规划建设，2019（05）：134-137.

［45］吴锦华，陈欢. 杭州G20立体绿化与绿雕鉴赏［J］. 园林，2017（06）：26-29.